남도의 현대 시와 현대 시조

지은이 정영애(鄭英愛)
문학박사이며,
동신대학교 한국어교원학과 초빙교수를 역임했고,
현재 조선대학교 국어국문학과 초빙교수이다.
광주문인협회 회원으로 활동하고 있으며,
'한국문학'과 '외국인을 위한 한국어교육'을 연구하고 있다.

남도의 현대 시와 현대 시조

1판 1쇄 인쇄_2019년 01월 05일
1판 1쇄 발행_2019년 01월 10일

지은이_정영애
펴낸이_양정섭

펴낸곳_도서출판 경진
등록_제2010-000004호
이메일_mykyungjin@daum.net
사업장주소_서울특별시 금천구 시흥대로 57길(시흥동) 영광빌딩 203호
전화_070-7550-7776 팩스_02-806-7282

값 12,000원
ISBN 978-89-5996-593-9 93810

※ 이 도서의 국립중앙도서관 출판예정도서목록(CIP)은 서지정보유통지원시스템 홈페이지(http://seoji.nl.go.kr)와 국가자료공동목록시스템(http://www.nl.go.kr/kolisnet)에서 이용하실 수 있습니다.
(CIP제어번호: 2018041647)

남도의 현대시와 현대시조

정영애 지음

Kyungjin Publishing co. 경진출판 Since 1999

머리말

풍요롭고 따뜻한 남도, 이곳에서 자란 들꽃처럼 아름다운 시인들의 반짝이는 눈동자가 눈에 보이는 듯합니다. 우리나라 남쪽 한 모퉁이에서 이토록 찬란한 문학이 자랄 수 있었던 것은 무엇 때문이었을까요? 그들이 우리에게 들려준 시에서 거친 풍파를 견딘 사람들의 저항정신과 어떤 어려움에도 좌절하지 않았던 긍정의 힘을 느낍니다. 넓은 들의 풀처럼 봄이 되면 어김없이 싹을 돋아내는 생의 의지가 있습니다. 이곳에서 만난 남도의 시에서는 여러 빛깔의 아름다운 향연이 펼쳐집니다. 가는 실뿌리를 구석구석에 보내서 물을 우듬지까지 올려 보낸 나무의 끈질김과 섬세함이 봄꽃의 찬란함과 함께 있습니다.

남도의 시에서는 남도사람들의 말과 소리와 몸짓이 켜켜이 쌓여 있습니다. 구수한 남도의 방언과 이웃과 함께하는 남도의 아름다운 서정과, 불의에 온몸을 던지며 싸웠던 의로운 사람들의 이야기가 있습니다. 숲 전체를 보면서도 숲속의 나무 한 그루에도 눈길을 주는 섬세함이 있습니다. 한 사람 한 사람 시인들의 이름을 부를 때마다 남도의 문학은 다른 시대에 살면서도 모두 함께 걸어온 것 같습니다.

남도의 시문학은 이 땅을 사랑하며 살아온 시인들의 이야기이면서, 천년의 세월을 견디며 키워낸 나무와 돌과 강과 바다의 이야기이며, 들과 산을 덮은 풀잎들의 이야기로 남습니다. 쉬지 않고 흐르는 강물처럼 남도의 시문학은 흐르고 흘러 이 땅 문학의 자양분이 됩니다.

남도의 시와 시조는 한국의 시사(詩史)와 걸음을 같이하고 있습니다.

1920년대 조운과 가람 이병기가 남도의 현대 시와 시조의 씨를 뿌렸고, 1930년대 들어 박용철·김영랑·김현구 등의 시인과, 장순하·정소파 시조 시인들에 의해 한국의 시와 시조는 한국 시사에 풍부한 자양분이 되었습니다.

시대적 요구가 있을 때마다 남도의 시인들은 역사의 현장에서 자신의 목소리로 주옥같은 시들을 썼습니다. 한국 현대 시사에 길이 남을 많은 시인들과 시조 시인들이 이곳에 있었기에 남도의 시문학은 우리 문학사에서 빼놓을 수 없는 중요한 자리를 차지하고 있습니다.

이 책은 남도의 현대 시와 남도의 현대 시조를 묶어서 남도의 시와 시조가 어떤 위치에서 한국 시사에 자리를 차지하고 있는가를 살펴보았습니다. 시인들의 간단한 약력과 그들의 대표 시와 작품에 대한 해설을 주로 하였습니다. 되도록 최초의 원문을 그대로 수록하고자 하였으나 어떤 작품은 현대의 표기로 바꾸기도 하고 여러 번의 개작을 거친 작품은 더 작품성이 좋은 작품으로 수록하였습니다.

전체 2부로 나뉘어 묶었고 시대별로 대표적인 작가들을 소개해 보았습니다. 주로 남도에서 태어난 작가들을 대상으로 하였으나 일

부는 남도에서 주로 활동한 작가도 포함하였습니다. 여기에 수록되지 않은 시인들 중에도 뛰어난 작가가 많습니다. 그들을 다 수록하지 못하여 너무나 안타깝습니다.

부족한 점이 많이 보입니다. 이 책이 남도의 시인들에게 누가 될까 두렵습니다. 그러나 시인 한 사람 한 사람의 이름을 부르며 그들의 시를 읽을 때 넘치는 우리의 정과 남도의 따뜻한 숨결이 밀려옵니다. 이 책을 읽는 독자들과 함께 이 마음을 나누고 싶습니다.

2019년 01월

정 영 애

목차

1부 남도의 현대 시

1930~1940년대 남도의 시문학사

광주·전남의 현대 시문학사는 1920년대 조운으로부터 시작된다고 할 수 있다. 조운은 1921년 『동아일보』에 「불살라주오」를 투고하면서 문단 활동을 시작하였으며 1924년 11월 「초승달이 재 넘을 때」 등 3편을 『조선문단』에 발표하여 정식으로 등단하였다. 조운은 1922년 영광 중학원 작문 교사로 부임하여 1922년 『자유 예원』이라는 향토 문예지 발행에 참여하였다. 이때 매주 월요일과 금요일에 행사를 가졌다. 여기에서 장원한 작품을 개벽사에서 발행하는 여성 잡지 『부인』에 실릴 수 있도록 해주었으며, 시조 동호회인 〈추인회(秋蚓會)〉를 결성하였다. 1929년 김태호가 광주에서는 첫 시집 『초혼』을 발간하였고, 정소파는 1930년 『개벽』에 시 「별곤건」을 발표하였다. 특히 1930년대에는 광주·전남지역의 시문학사뿐만 아니라 한국 현대 시문학사의 시사에 새로운 이정표라고 할 수 있는 '시문학파'가 등장하였다. 『시문학』은 1930년 3월 5일 창간하여 1931년 10월 10일제3호까지 발간하였다. '시문학파'는 용아 박용철과 김영랑이 주축이 되었고 후에 정인보·변영로·이하윤·정지용의 참여로 『시문학』 창간호가 발간되었다. 이후에 김현구·신석정·허보가 참가하였다. 시문학파는 당시 조선프롤레타리아예술동맹(KAPF)의 경향시에 대응하여 순수 서정시를 내세웠다. 조지훈은 그의 『현대 시의 계보』에서 "시문학파가 시어의 조탁, 각도의 참신, 형식의 세련 등 종래의 시를 일변(一變)시켰다는 것은 중론이 일치하는바, 그들은 한국 현대시의 분수령을 이루었다."고 하였다. 광산의 용아 박용철 시인은 사재를 털어 『시문학』(1930.03)·『문예월간』(1931.11)·『문학』(1934.01) 등의 문예지를 발간했으며, 문학에서의 계급주의와 민족주의를 배격하고 순수성을 표방하여 문학의 본질을 추구하고자 하였다. 박용철의 「시적 변용에 대하여」를 비롯한 여러 편의 시론은 시문학파의 시적 방향성에 이론적 기반이 되었다. 특히 김영랑은 당시 일제의 탄압이 가장 극심했을 무렵에 서구의 서투른 모방보다는 한국시의 정통적인 가치와 우리말의 순수성을 지키는 것을 더 중요하게 여겼다. 삶과 죽음의 무연함이나 사라져 가는 한국적인 아름다움을 노래하고 전라도 사투리를 남도의 정조와 결합함으로써 독창적인 서정의 세계를 펼쳤다.

김현승 시인은 1951년부터 조선대학교 문리대학 교수로 재직하면서 1954년 박흡·장용건 등과 함께 『신문학(新文學)』을 6집까지 발행, 호남 현대 시문학 발전에 기여했다. 서정주·김현승·이동주·신석정·이석봉·박흡 등이 동인으로 활동했다. 시 외에 소설·평론·수필도 실었다.

목포에서는 『호남평론』을 중심으로 시문학의 기반을 닦았다. 여기에는 김철진이 사장이고 배치문이 주간이었다.

1946년 목포에서 이 지역의 문학적 기반을 다지는 초석이 된 예술종합지 『예술문화』가 발행되었다. 이 문예지는 이옥주가 1947년 광주로 발행처를 옮겼으며 제2권 4호까지 발행한 광주·전남에서 가장 오래되고 처음인 문예지이다. 1948년에는 임병주가 창간호이면서 마지막 호인 『호남문화』를 펴냈다. 1946년 조선대학교 제1기 국문과 졸업생을 주축으로 한 동호지 성격의 시집 『청춘수첩』이 발간되었다.

1940년대는 일제강점기의 시기로서 호남의 현대 시문학사에서도 공백 상태에 있는 것이 역사적 현실이었다. 현실의 척박한 환경 속에서도 남도의 시는 역사의 현실에 뿌리를 박고서 꿈을 잃지 않고 개화의 때를 기다렸다.

김 영 랑

(金永郞, 1903.01.16~1950.09.29)

김영랑(金永郞) 시인은 1903년 전라남도 강진에서 태어났다. 본명은 윤식이고 영랑은 아호이다. 1917년 휘문의숙에 입학하면서부터 문학에 관심을 가졌다. 당시 홍사용·안석주·박종화·정지용·이태준 등과의 문학적 교류를 통해 문학적 영향을 주고받았다. 휘문의숙 3학년인 1919년 3·1운동이 일어나자 고향에 내려와 만세운동을 주도하다가 거사 직전 발각되어 대구형무소에서 6개월의 형을 살았다. 1920년 일본 유학을 가서 아오야마 학원 중등부에 들어가 영문학을 배웠다. 이때 만난 박용철과는 일생 우의를 나누었다. 1923년 관동대지진으로 귀국하여 향리에 머물렀다.

귀국 후 김영랑은 박용철·정지용·이하윤 등과 '시문학동인'을 결성하였다. 이들은 이후 시문학파[1])로 불렸다. 1930년 3월에 창간된 『시문학』에 시 「동백잎에 빛나는 마음」·「언덕에 바로 누워」 등 6편과 「사행소곡칠수」를 발표하면서 문단 활동을 시작했다. 1935년 11월 '시문학사'에서 박용철의 도움으로 시집 『영랑시집』을 펴냈다. 이는 박용철의 적극적인 후원과 응원에 힘입은 것이었다. 김영랑의

1) 1930년 동인지 『시문학』에 유래하였다.

작품은 『문학』·『여성』·『문장』·『조광』·『인문평론』·『백민』·『조선일보』 등에 80편이 넘는 시와 수필 산문 등으로 발표했다.

1949년 『영랑시선』 발간 등 활발한 문단 활동과 공보처 출판국장 역임 등 활발한 사회활동을 하던 중 6·25전쟁의 와중에 1950년 불의의 사고로 영면했다.

김영랑 시인의 주요 저서로는 1935년에 발간된 『영랑시집』과 1949년 중앙문화사에서 간행된 『영랑시선』이 있다. 사후인 1981년 문학세계사에서 그의 시와 산문을 모아서 『모란이 피기까지는』을 발간했다.

김영랑의 시 세계는 전기와 후기로 구분되는데, 그의 초기 시는 한국 순수 서정시의 백미라는 평가를 받았다. 잘 다듬어진 시어와 감각적인 운율, 지방 사투리를 자연스럽게 사용하여 향토색을 세련되게 표현하였다. 『영랑시집』 초판의 수록 시편을 살펴보면 '눈물', '슬픔' 등 감정을 직접 드러내는 시어가 반복된다. 그렇지만 영랑의 시는 단편적인 감정에 치우지 않고 '마음'의 깊은 곳을 들여다보는 자세를 흐트러뜨리지 않았다. 이후, 1940년대 일제 말기에 발표된 후기 시에서는 '회의'와 '죽음' 의 의식이 깔려 있다. 일제 강점기의 혼탁한 사회에서 시인이 느끼는 불안과 공포와 절망의 감정들이 드러난다. 당시에 발표된 시로는 「거문고」·「독(毒)을 차고」·「망각(忘却)」·「묘비명(墓碑銘)」 등이 있다.

해방 이후 김영랑은 새로운 시대에 대한 희망과 새 나라에 대한 참여의식으로 가득한 시들을 발표했다. 김영랑의 시는 여러 변화에도 불구하고 유의미적인 서정성을 잃지 않았다는 평가를 받는다.

「오—매 단풍들것네」

장광에 골불은 감닙 날러오아
누이는 놀란 듯이 치어다보며
「오－매 단풍들것네」

추석이 내일모레 기둘니니
바람이 자지어서 걱정이리
누이의 마음아 나를보아라
「오－매 단풍들것네」

—『시문학』 창간호(1930.03)

전라도의 방언이 잘 녹아 있는 이 시는 김영랑의 시 중에서 향토색이 살아있는 순수 서정시로 널리 알려져 있다. 시 전체에서 "오－매 단풍들것네"가 반복적으로 나타나면서 경이로운 계절의 변화를 대하는 화자의 마음이 잘 나타났다.

1연에서 누이는 어느 날 장독대에 '붉은 감닙'이 날라온 것을 보고 계절의 빠른 변화에 대해 깜짝 놀라 "오－매 단풍들것네"라고 소리지른다. 그 놀라움은 누이의 얼굴을 붉히고 마음조차 단풍이 들게 한다. 그러나 그 놀라움과 기쁨도 잠시 2연에 이르러서 화자는 누이가 추석을 앞두고 불어오는 잦은 바람에 걱정하고 있다는 것을 이야기한다. 농사짓는 시골의 정서가 그대로 살아있다. 2연에서는 누이를 대신해서 외치는 화자의 목소리를 구체적으로 설명하고 있다.

"누이의 마음아 나를 보아라"며 소리를 지르는 화자는 누이의 마음에 공감하고 있음을 드러낸다. '누이의 마음'으로 호칭을 사용한 것은 "오－매 단풍들것네"를 불러일으킨 것이 누이의 깊은 마음에서 비롯된 것임을 나타냈다.

단풍이 물든 것이 '감닙'에서 '누이의 마음'으로 '누이의 마음'에서 '화자'에게 전달되는 것을 알 수 있다.

"오-매 단풍들것네"의 시행을 통해서 청각적인 표현이 두드러지는 이 시는 장독대를 뜻하는 "장광" 붉은빛을 뜻하는 "골불은" 등의 구수한 전라남도 사투리와 "누이, 추석, 바람"의 친근하고 감각적인 이미지가 각 연의 시작과 끝에 이어지는 사투리와 섞여서 부드럽고 율동적인 운율로 향토적인 맛을 드러낸다. 시문학파가 원했던 아름다운 언어와 리듬을 가진 시의 전형을 보여주었다.

> 모란이 피기까지는
> 나는 아즉 나의봄을 기둘리고 있을테요
> 모란이 뚝뚝 떠러져버린날
> 나는 비로소 봄을여휜 서름에 잠길테요
> 五月어느날 그하로 무덥든 날
> 떠러져 누은 꽃닢마져 시드러버리고는
> 천지에 모란은 자최도 없어지고
> 뻐쳐오르든 내보람 서운케 문허졌느니
> 모란이 지고나면 그뿐 내 한해는 다 가고말아
> 三百예순날 한냥 섭섭해 우옵내다
> 모란이 피기까지는
> 나는 아즉 기둘리고있을테요 찰란한슬픔의 봄을

—「모란이 피기까지는」, 『시문학』(1934.04)

이 시는 봄을 기다리는 마음과 봄을 보내는 서러움을 모란이 피고 지는 과정을 통해 표현하였다. 이 시에서 모란은 봄에 피는 화려한 아름다움을 지닌 꽃으로 아름다움을 상징한다. 총 12행으로 이루어진 이 시는 내용에 따라 크게 4연으로 나눌 수 있다. 1~2행에서 화자는 모란이 피는 봄을 기다리고 있다. "나의 봄"이라는 시어를 내세워 특별한 화자만의 봄을 이야기한다. 화자에게 봄은 모란이 피어야만 비로소 완성되는 것이다. 그러므로 모란이 피지 않았다면 화자에게 봄은 아직 오지 않은 것이다. 즉, 모란은 화자에게 봄을 상징하며, 꽃을 피우는 것이 매우 중요한 소재가 된다. 여기서 봄은 화자에게 '소망이 이루어지는 시간'이다. "아직"이라는 시어를 통해서 화자에게 '봄' 은 '소망이 이루어지는 시간'이라는 것을 알 수 있다. 화자는 이것을 포기하지 않았다는 것을 나타낸다. 3~4행에서는 "설움에 잠길테요"라는 표현을 통해 그토록 기다리던 모란이 지고 난 후의 슬픔을 말한다. 화자는 모란이 질 것에 대한 마음의 준비를 하지 못했다. 오직 모란이 피어 있을 때의 아름다움만을 생각하며 기뻐했다. 그러나 그토록 아름다운 모란이 져버린 것은 크나큰 설움이 된다. 그래서 "뚝뚝"이라는 시어를 통해 모란이 지는 모습을 감각적으로 크게 느껴지게 했다. "비로소"라는 시어는 화자가 모란이 져버린 것을 깨닫게 되고 이제부터는 모란이 진 것에 관하여 설움에 잠길 것을 예견하고 있다. 5~10행에서는 모란이 지고 난 후의 여러 가지 상황들을 이야기한다. 그것은 봄의 막바지인 "오월 어느 날"이었으며 날씨가 더워지면서 모란도 지고 땅에 떨어져 누운 모란은 "꽃잎마저 시들어 버리고는 / 천지에 모란은 자취도 없어지고" 말았다. 이것은 해마다 반복되는 설움이었다. 그것은 "뻐처오르든 내보람"이 "서운케 문허"지는 일이었다. 이에 대해 화자는 "모란이 지고나면 그뿐 내 한 해는 다 가고말아" 하면서 "三百예순날 한냥 섭섭해 우옵내다"라고 하였다. 화자는 모란이 지면 화자의 한 해가 다 끝난 것이라고 절망하였다. 모란이 져버린 것이 얼마나 슬픈 것인지 "三百예순날"이라는 서러운 정감의 깊이를 나타내는 관념적 시어와 "하냥 우옵내다"라는 것을 통해 드러난다. 그러나 11행~12행에서 화자는 다시 모란을 기다리고 있다. "찰란한 슬픔"이 모란이 지고 났을 때의 슬픔을 짐작하면서도 모란에 대해 기다림을 계속하겠다는 의지를 보인다. 그것은 1~2행의 내용을 반복하면서 '간절한 소망과 달성의 기쁨에서 기쁨의 소멸과 비애를 체험하고 다시 간절한 소망을 갖는 것'의 순환적 삶의 깨달음을 이야기하고 있다. "김영랑의 시는 '슬픔'이나 '비애'를 노래하고 있으면서도, 그러한 슬픔이 영탄이거나 감상인 것이 아니라 차분하게 가라앉은 정조를 보여주고 있다는 점"[2] 이 시의 격조를 높여준다.

2) 김혜영, 「김영랑 시의 창작방법 연구」, 단국대학교 박사논문, 2012, 23쪽 참조.

박 용 철

(朴龍喆, 1904.06.21~1938.05.12)

박용철(朴龍喆) 시인은 1904년 6월 61일 광주광역시 광산구 송정읍에서 출생하였다. 호는 용아(龍兒)이다. 광주공립보통학교를 졸업하고 배재고등보통학교를 자퇴하였다. 이후 1921년 일본 도쿄에 있는 아오야마 학원 중학부 4학년에 편입하였다. 평생 문학적 동지였던 영랑 김윤식을 이곳에서 만났다. 1923년 동경 외국어학교 독문학과에 입학하였으나, 관동대지진사건으로 학업을 중단하고 귀국하였다. 이후 연희전문학교에 입학하였으나 몇 달 만에 자퇴하였다.

1930년 순수 동인시집 『시문학(詩文學)』을 김영랑·정지용·이하윤 등과 함께 창간하였다. 「싸늘한 이마」·「비내리는 날」·「밤기차에 그대를 보내고」 등을 시문학에 발표하였다. 여기에서 박용철은 "우리는 시를 살로 색이고 피로 쓰듯 쓰고야 만다."라고 하며 시를 쓰는 것을 인생의 목표로 삼았다. 그러나 『시문학』이 1931년 10월에 3호로 종간되었다.

이후 『문예월간(文藝月刊)』·『문학』 등을 발간하고 시와 함께 많은 번역 시와 『베니스의 상인』·『인형의 집』·『바보』 등의 희곡을 번역하였다.

1931년 이후로는 『효과주의 비평논강』·『조선 문학의 과소평가』·

『시적 변용에 대하여』 등의 비평을 발표했다. 1938년 서울에서 후두결핵으로 영면하였다.

1939년 『박용철 전집』(전2권)이 간행되었다. 박용철의 시와 평론은 1920년대 서구 문학사조에 편향되어 있던 문단에 커다란 반향을 일으켰다는 평가를 받는다. 박용철은 『시문학』·『문예월간』·『문학』 등 문예지를 출판하였고, 해외에 많은 시를 번역하여 소개한 부분도 한국 문학사에 큰 의미를 지닌다.

나 두 야 간다
나의 이 젊은 나이를
눈물로야 보낼거냐
나 두 야 간다

안윽한 이 항구-ㄴ들 손쉽게야 버릴거냐
안개같이 물어린 눈에도 비최나니
골잭이마다 발에 익은 뫼ㅅ부리모양
주름ㅅ살도 눈에 익은 아-사랑하는 사람들

버리고 가는 이도 못 닛는 마음
쫓겨가는 마음인들 무어 다를거냐
도라다보는 구름에는 바람이 희살짓는다
압대일 언덕인들 마련이나 있을거냐

나 두 야 가련다
나의 이 젊은 나이를 눈물로야 보낼거냐

나 두 야 간다

—「떠나가는 배」, 『시문학』(1930.03)

이 시는 4연으로 구성되어 있으며 항구에 서 있는 화자가 젊은 나이를 눈물로만 보낼 수 없어 사랑하는 사람과 삶의 자리를 모두 두고 떠나야 하는 심정을 표현하였다.

1연에서는 젊은 나이로 식민지 치하에서 느끼는 답답함과 그로 인해 바다 밖으로 떠나야 하는 화자의 마음이 드러난다. 항구를 포함한 삶의 자리는 이제 곧 떠나야 할 곳이고 쫓겨 가는 곳이기도 하다. "나 두 야"라고 글자 한 자 한 자 띄어 쓰면서 시적 호흡을 또박또박 느리게 읽게 한다. 이것은 소리를 내 낭독하면 다음 문장이 그 효과로 인해 빠르게 읽힌다. 마치 낭독할 때의 운율적 효과를 고려하여 쓴 것처럼 1연은 2연의 "아늑한 이 항군들 손쉽게야 버릴 거냐"라는 구절과 이어진다. 여기서 강조하고 있는 항구는 화자에게는 매우 중요한 의미를 지닌 삶의 자리며, 조상으로부터 이어온 추억의 공간이기 때문이다. 안타깝고 고통스러운 화자의 심정이 드러나고 있다. 2, 3연에서 "-거냐, -거니, -거네"와 같은 고어 투의 종결어미는 운율적 효과를 형성함과 동시에 떠날 수 없는 마음의 슬픔을 짙게 나타낸다. 밖을 향한 화자의 열망은 아직 그 결과를 알 수 없으며, 밖을 향해 있다는 사실만이 시 전면에 드러날 뿐이다.

2연에서는 떠나야 한다는 이성적 판단과 차마 떠날 수 없다는 감성적 행동 사이에서 겪는 고뇌와 갈등이 형상화되었다.

"아늑한 이 항구"는 화자의 고향이다. 이들은 "손쉽게야 버릴" 수 없고 "안개같이 물 어린 눈", 즉 눈물짓는 화자의 눈에는 "골짜기마다 발에 익은 묏부리 모양 / 주름살도 눈에 익은 아아 사랑하는 사람들"의 모습이 보인다. 2연에서의 묘사를 통해 화자는 자신의 항구를 떠나는 것이 아니라 떠나가는 것임을 보여준다.

3연에서는 화자가 자신의 처지를 "항구를 떠나가는 배"에 비유하고 있다. "앞 대일 언덕"이란 '배를 정박할 항구'를 뜻한다. 목적지도 없이 망망대해로 떠나야 하는 배와 같다. 목적지도 없이 떠나야 하는 절박한 심정을 드러낸다. 어쩔 수 없이 쫓겨 가는 식민지를 살아가는 화자의 심정이 확연하게 드러난다. 방향키를 잃어버린 배의 모습이 묘사되고 있다. "쫓겨가는 마음"은 항해 자체가 어둡고 슬프다. 떠나온 터전을 돌아다보지만, 바람이 희살 지어 막막한 현실을 보여준다. 여기서 "희살 짓는다"라는 '짓궂게 일을 훼방 놓는다'는 뜻을 가진 전라남도의 방언이다.

4연은 1연을 반복함으로써 의미를 강조하기도 하고 음악적으로 구성하여 정서적으로 승화시키고 있다. 수미상관 법칙을 사용하여 안에서 밖으로 나가야 한다는 화자의 의지를 강하게 드러낸다.

큰 어둠가운대 홀로 밝은불 혀
고 안저잇스면 모도 빼앗기는 듯
한 외로움
한포기 산꼿이라도 잇스면 얼마
나한 위로이랴

모도 빼앗기는듯 눈덥개 고이 나
리면 환한 원몸은 새파란불 부터
잇는 린광(燐光)
깜안 귀도리하나라도 잇스면 얼마

나한 깃븜이랴

파란불에 몸을 사루면 싸늘한 이
마 밝게 트이여 기여가는 신경의
간지러움
기리는 별이라도맘에 잇다면 얼마
나한 질검이랴

—「싸늘한 이마」, 『시문학』(1930.03)

이 시는 3연으로 구성되어 있다. 이 시는 「떠나가는 배」와 마찬가지로 빼앗기는 것에 대한 상실의 고통이 드러나 있다. 상실을 극복할 수 있는 매개체로 '한포기 산꽃, 까만 귀또리, 기리는 별'이 제시되었다.

이 시는 점층적인 기법이 사용되었다. 시가 뒤로 갈수록 시의 의미가 커지며, 시적 운율이 나타난다. "~라도 있으면(다면)"과 "얼마나한 위로이랴(기쁨이랴 / 즐거움이랴)"의 유사한 문장구조가 반복되면서 시적 운율이 생긴다.

1연에서 화자는 외롭다는 것을 깨닫는다. 화자를 둘러싼 큰 어둠 속에서 모든 것을 빼앗긴 듯한 상황에 처한 화자는 "한 포기 산꽃"이라도 있으면 "얼마나한 위로이랴" 하는 설의적 표현으로 밝음의 세계를 향한 화자의 마음을 강조하고 있다.

2연에서는 "새파란 불붙어 있는 인광"은 죽음을 의미한다. 마른 뼈에서 죽음이 느껴진다. 여기서 인광(燐光)은 어두운 곳에서 보이는 청백색의 약한 빛으로 화자의 극도로 외로운 심정을 시각적으로 표현하였다. 한 마리 "귀또리" 살아있는 한 마리의 생명이 큰 기쁨이 되겠다고 화자는 꽃에서 곤충으로 위로의 대상을 넓힌다.

3연에서는 "파란 불에 몸을 사르면"은 '인광'에 온몸을 불사르면 "기어가는 신경의 간지러움", 즉 예민한 신경과민뿐이다. 화자는 밤에 예민한 신경으로 오히려 정신이 맑아져 잠이 오지 않아 고통스러워하고 있을 때 "길 잃은 별"이라도 마음에 있다면 얼마나 즐겁겠는가 하고 진술한다.

연이 전개될수록 화자의 고독은 심화하여 가고 그 고독은 고통으로 커진다. 그러나 그러한 고통을 "산꽃"과 "귀또리"와 "별"을 불러들임으로써 이를 극복하겠다는 의지를 내보인다.

김 현 구

(金玄鳩, 1903.11.30~1950.10.03)

김현구(金玄鳩) 시인은 1903년 전라남도 강진군 강진읍에서 태어났다. 같은 고향을 가진 김영랑의 조카뻘로 함께 향교인 관서제에서 한문을 배웠다. 그 뒤 강진보통학교를 졸업하고 서울의 배재고등보통학교를 다니다가 중퇴하였다. 1920년부터 약 4개월간 김영랑·차부진·김길수 등과 함께 강진에서 『청구』라는 문학 모임을 결성하고 동인지를 발간하였다.

1930년 5월에 발간된 『시문학(詩文學)』 2호에 영랑과 용아의 천거로 「임이여 강물이 몹시도 퍼럿습니다」·「물에 뜬 갈매기」·「거룩한 봄과 슬픈 봄」·「적멸(寂滅)」 등 4편을 발표하면서 문단 활동을 시작했다. 시문학파의 일원으로 그 뒤 『문예월간』과 『문학』에 「풀 우에 누워」·「내 마음 사는 곳」 등 12편의 시를 발표했다. 생활의 어려움을 때문에 강진 읍사무소에서 공직생활을 하였고 어려운 환경 때문인지 자연스럽게 그의 시에서는 서민의 입장에서 자연을 노래한 시들이 많았다. 김현구 시인은 현실과 타협을 거부하는 결백한 성격을 지녔다고 알려져 있다. 김영랑·정지용에 이어 시문학사에서 시집 『무상(無常)』을 발간하기로 하였으나 박용철의 사망으로 인해 진행하지 못했다. 만 46세에 한국전쟁 중 영면하였다.

1970년 유고시를 모은 『현구시집』이 문예사에서 비매품으로 간행되었고, 1981년 『한국문학 대계』 권7에 그의 시 25편이 수록되었다. 지금까지 총 85편(유고시집 82편+새로 발굴 3편)의 시를 남겼다.

그의 시는 자연과 무욕을 노래하였으며, 낭만주의적이고 순수한 서정시를 추구하였다. 자신이 평생을 가난으로 인해 여러 가지 어려움을 겪었기에 서민적이고 감각적인 시어를 주로 사용하였다. 특히 시문학파가 강조했던 특징들을 가장 잘 살린 시인이었다고 평가를 받고 있다.

한숨에도 불녀갈 듯 보-하니 떠 잇는
은ㅅ 빗 아지랑이 깨여 흐른 머언 산ㅅ둘레
굽이굽이 노인길은 하얏케 빗남니다.
님이여 강물이 몹시도 퍼럿습니다.

헤여진 성ㅅ돌에 떨든 햇살도 사라지고
밤비치 어슴어슴 들우에 깔니여 감니다.
훗훗달른 이 얼골 식여줄 바람도 업는 것을
님이여 가이업는 나의 마음을 아르십니까

—「님이여 강물이 몹시도 퍼럿습니다」, 『시문학』 2호(1930.05)

이 시는 1930년 『시문학』 2호에 발표되었고, 김현구 시인의 데뷔작이자 대표작으로 알려져 있다.

"하얏케" 빛나는 "굽이굽이 노인길"과 대비를 이루는 "퍼럿"게 보이는 음성모음을 통해서 화자가 바라보는 강의 빛깔이 어둡고 쌀쌀한 느낌으로 강조된다. 화자는 고향의 강변에서 강물을 바라보면서

"가이업는" 시인의 심성을 드러내고 있다.

특별히 색상이 강조되는 이 시에서 화자는 "은ㅅ 빗 아지랑이"의 흰색과 2연의 "홋홋달른 이 얼골"의 붉은색을 대립시켜 놓고 강물의 퍼런 느낌이 선명하게 살아나도록 끌어냈다.

"굽이굽이", "어슴어슴" 같은 의태어를 감각적으로 활용하여 우리말의 아름다움을 잘 표현하였다. 김현구의 강은 시에서 나타나는 색깔의 대조와 음성모음의 활용을 통해서 화자의 쓸쓸한 정서를 나타낸다.

뉘눈살에 시다끼여 그맵시 쓸쓸히
외로운넋 물고오는 검정 비들기
해늙은 느름나무 가지에 앉어
구구꾸 목노아 슬피우노나

깨우면 꺼져버릴 꿈같은 세상
사랑도 미움도 물우에 거품
그서름 香火처럼 피워지련만
날마다 못잊어 우는비들기

웰트슈매―쓰? 니힐의 속아픈 우름?
알이없고 둘곳없는 저혼잣 서름!
귀먹은 地獄거리 가에앉어서
虛空에 우러데는 외론비들기

높고푸른 하날은 끝없이 멀리개여

太古然한 햇빛만 헛되이 흐르는날
오날도 혼자앉어 슬피울다가
어디론지 간곳몰을 검정비들기

—「검정비둘기」, 『현구시집』(문예사, 1970)

이 시에서 나오는 검은 비둘기는 시인의 호인 현구(玄鳩)와 같은 의미를 지닌 것으로 시인 자신을 드러내기 위해 쓴 것으로 보인다. 시인은 아무도 알아주지 않는 자신에 대한 분신으로 검은 비둘기를 대상으로 삼고 있으며, 검은 비둘기를 외로운 넋을 물고 오는 존재로 그리고 있다.

김현구의 시가 초기에는 자연과 고향에 대한 향토적인 이미지가 강했다면, 후기에는 허무와 죽음에 대한 관념이 주를 이룬다. 1연에서 검은 비둘기는 남들의 눈살에 시달리면서 외로운 넋을 물고 오는 존재로 그려진다. "해늙은 느릅나무 가지에 앉어 / 구구꾸 목노아 슬피우"는 검은 비둘기를 통해서 존재의 한계와 슬픔을 느끼게 한다.

2연은 꿈처럼 깨우면 꺼져버리는 거품 같은 세상에서도 존재의 설움을 못 잊어 우는 비둘기를 그리고 있다. 존재의 허무를 충분하게 경험했지만, 실존은 늘 존재의 비애를 갖는다. 아무도 알아주지 않고 함께 할 수 없는 근원적인 비애를 시인은 "저혼잣 서름!"으로 나타냈다.

3연에서 세상을 바라보는 시인의 시각이 분명하게 나타난다. 허공을 향해 울어대는 비둘기를 통해서 시인은 홀로 견디며 가야 하는 길을 떠올린다. 아무도 발을 딛지 않으려고 하는 진흙밭 같은 세상에서 "어디론지 간곳몰을 검정 비들기"의 행방은 매 순간을 살아가야 하는 모든 존재에게 실존의 의미를 생각하게 한다.

김 현 승

(金顯承, 1913.04.04~1975.04.11)

김현승(金顯承) 시인은 1913년 4월 4일 평양에서 출생하였으며 호는 다형(茶兄)·남풍(南風)이다. 1919년 목사인 부친을 따라 광주로 이주하여 광주 숭일학교를 졸업하였다. 1927년 평양의 숭실중학교에 진학하여 수학하였고, 숭실전문학교 문과 3년을 수료하였다.

교지에 투고한 「쓸쓸한 겨울 저녁이 올 때 당신들은」이라는 시가 양주동 시인의 인정을 받아 1934년 5월 『동아일보』에 실려서 문단에 나오게 되었다. 이후 『조선중앙일보』·『동아일보』·『조선시단』에 「새벽은 당신을 부르고 있습니다」·「아침」·「황혼」·「새벽 교실」 등 20여 편을 발표하였다.

일제 강점기 말에는 작품 발표를 하지 않다가 광복 이후 1946년 4월에 『민성』지에 「내일」이라는 작품을 발표하면서 다시 문단 활동을 시작하였다. 1951년 4월부터 1960년 4월 서울의 숭실대학으로 떠나기 전까지 조선대학교 문리대 교수로 있으면서 박흡·장용건 등과 함께 『신문학(新文學)』(계간)을 1953년 4집까지 발행하였다. 이를 통해서 지역 문단의 활성화와 중앙문단과의 교류를 꾀하였다. 조선대 교수로 재직한 10년 동안 「눈물」·「플라타나스」·「가을의 기도」 등 40여 편의 작품을 발표하였다. 이후에 숭실대학 교수(1960~1975),

한국문인협회 부이사장(1970) 등을 역임하였다.

시집으로는 1957년 『김현승시초(金顯承詩抄)』, 1963년 『옹호자(擁護者)의 노래』, 1968년 『견고한 고독』, 1970년 『절대고독』, 1974년 『김현승 시전집』, 1977년 『마지막 지상에서』 등이 있다. 저서로 『한국현대시해설』(1972), 『세계문예사조사』(1974) 등이 있다.

그의 시는 1930년대에는 자연을 노래하면서도 모더니즘의 영향을 당시의 암울한 시대상을 형상화하였다는 평가를 받았으며, 해방 이후부터 1960년대까지는 기독교 세계관을 바탕으로 내면의 세계를 추구하는 시를 썼다. 1960년대 이후부터는 기독교 세계관의 바탕에서 신 앞에 선 인간의 고독한 세계를 치열하게 그려냈다.

꿈을 아느냐 네게 물으면
푸라타나스,
너의 머리는 어느 듯 파아란 하늘에
젖어 있다.

너는 사모할 줄을 모르나,
푸라타나스,
너는 네게 있는 것으로 그늘을 느린다.

먼 길에 올제,
호올로 되어 외로울제,
푸라타나스,
너는 그 길을 나와 같이 걸었다.

이제 너의 뿌리 깊이
영혼을 불어넣고 가도 좋으련만,
푸라타나스,
나는 너와 함께 신이 아니다!

수고론 우리의 길이 다하는 어느 날,
푸라타나스,
너를 맞어 줄 검은 흙이 먼-곳에
따로이 있느냐?
나는 오직 너를 지켜 네 이웃이
되고 싶을 뿐,
그곳은 아름다운 별과 나의 사랑하는
창이 열린 길이다.

—「푸라타나스」, 『김현승 시초』(1957)

이 시는 플라타너스를 의인화하여 시인의 기독교적인 세계관을 보여 준다. 제1연에서 화자는 플라타너스에 꿈을 물어본다. 인간은 꿈을 가진 존재이기 때문이다. 화자는 대답 대신 푸른 하늘에 젖어 있는 플라타너스를 본다. 화자는 더 근원적인 존재 이유를 찾는다. 제2연에서 플라타너스가 화자처럼 누군가를 사모할 줄 모르지만 "너는 네게 있는 것으로 그늘을 느린다."는 언술을 통해서 존재의 가치가 각각 다름을 보여 준다. 하늘에 머리가 젖어 있는 플라타너스는 자신의 그늘을 통해서 가치를 증명한다. 제3연에서 플라타너스는 외롭게 멀리 있는 길을 걷는 화자와 동행하는 존재로 그려졌다. 영혼이 없기에 동행은 서로에게 짐이 되지 않는다. 4연에서 화자는 영혼을 불어 넣어주고 싶은 존재로 플라타너스를 돌아보지만 서로의 존재 가치가 다름을 인식한다. 제5연에서는 "오직 너를 지켜 네 이웃이 / 되고" 싶다는 고백을 통해서 '선한 이웃'이라는 기독교적인 가치관이 드러난다. 화자는 플라타너스를 단순한 사물로 대하는 것이 아니라 사물의 본질이 무엇인가를 들여다보는 자세를 가지고 있다. 사물에 "너를 맞어 줄 검은 흙이 먼-곳에 / 따로이 있느냐?"고 안부를 묻는 시인의 목소리가 따뜻하게 살아있는 시다.

껍질을 더 벗길 수도 없이
단단하게 마른
흰 얼굴

그늘에 빛지지 않고
어느 햇볕에도 기대지 않는
단 하나의 손발

모든 신(神)들의 거대(巨大)한 정의(正義) 앞엔
이 가느다란 창끝으로 거슬리고

생각하던 사람들 굶주려 돌아오면
이 마른 떡을 하룻밤
네 살과 같이 떼어 주며

결정(結晶)된 빛의 눈물,
그 이슬과 사랑에도 녹슬지 않는

견고한 칼날 – 발 딛지 않는
피와 살

뜨거운 햇빛 오랜 시간의 회유(懷柔)에도
더 휘지 않는
마를 대로 마른 목관 악기(木管樂器)의 가을
그 높은 언덕에 떨어지는,
굳은 열매

쌉쓸한 자양에 스며드는
네 생명의 마지막 남은 맛!

—「견고(堅固)한 고독」, 『현대문학』(1965.10)

김현승의 '고독'은 기독교적인 세계관을 바탕으로 한다. 십자가에 나무 열매처럼 매달린 고독한 예수의 희생이 배경으로 깔려 있다. 그래서 이 시에서의 고독은 단순한 홀로 있음이 아니라 '고독'으로부터 자신을 건져내는, 자기 구원의 확신을 내포하고 있다. 자기를 필요로 하는 세상에 대한 희생과 헌신의 자세가 그것이다. 1연은 "껍질을 더 벗길 수도" 없이 말라버린, 이미 단단하게 굳어진 고독한 형상을 표현하고 있다. 2연에서 '고독'의 열매를 끌어안고 있는 나뭇가지를 나타냈다. 나뭇가지는 열매에 생명의 모든 것을 부여해주는 존재이며 기독교에서는 구원자의 상징으로 그려지고 있다. 화자는 나뭇가지를 통해서 자신의 존재 가치를 찾는다. 3연에서 보여주는 "떡"과 "살"로 표현된 기독교적인 상징이 4연에서 구체화된다. 기독교에서 예수를 떡으로 비유한 것처럼 "마른 떡"을 "네 살과 같이 떼어 주며"

시인의 '고독'은 주체적이고 뚜렷한 자기 확신이 있다. 햇살의 어떤 유혹에도 굴하지 않고 희생을 통해서 존재 가치를 획득하는 순간이 6연에서 "그 높은 언덕에 떨어지는, / 굳은 열매"의 모습으로 형상화된다. 높은 언덕에 떨어지는 굳은 열매를 통해서 생명의 마지막 남은 맛을 통해서 고통스러운 삶을 홀로 견디며 누군가를 위해 열매를 떨구는 것으로 예술의 본질이 구현된다.

모든 것을 다 잃고 마지막 남은 "쌉쓸한 자양에 스며드는 / 네 생명의 마지막 남은 맛!"은 생명의 근원을 만나는 맛이다. 이 맛을 통해서 시인은 '고독'을 알게 한다.

서 정 주

(徐廷柱, 1915.05.18~2000.12.24)

서정주(徐廷柱) 시인은 1915년 5월 18일 전라북도 고창군 선운리에서 태어났다. 호는 미당(未堂)이다. 줄포 공립 보통학교를 거쳐 서울의 중앙고등보통학교에 보결생으로 입학하였다. "중앙고보 2학년이던 1930년 광주학생 1주년 기념 시위를 주동한 혐의로 퇴학당하고, 서대문감옥에 구속되었으나 나이가 어리다는 이유로 풀려났다."[3] 고향의 고창고보에 편입한 후 자퇴하였다. 1935년 동국대 전신인 중앙불교 전문학교에 입학하였으나 중퇴하였다.

1936년 『동아일보』 신춘문예에 시 「벽」이 당선되어 문단 활동을 시작하였다. 김달진·김동리·여상현·오장환 등과 함께 『시인부락(詩人部落)』을 발행하였다. 1941년 첫 시집 『화사집』을 출간하였다. 1948년에는 시집 『귀촉도』를 출간한 서정주는 토착적인 정서와 고전적인 격조에의 지향을 강하게 드러냈다. 1955년에는 『서정주 시선』을 출간했다. 우리 민족의 전통적인 한과 민족적인 정조가 살아있다는 평가를 받았다.

『신라초』(1961), 『동천』(1969), 『질마재 신화』(1975), 『떠돌이의 시』

3) 「광주학생사건과 나」, 『미당산문』, 민음사, 1993, 195쪽.

(1976) 외에 『노래』(1984), 『팔할이 바람』(1988), 『산시(山詩)』(1991), 『늙은 떠돌이의 시』(1993) 등을 출간하였다. 『서정주 문학 전집』(1972, 일지사, 전 5권)에서 간행하였으며, 1994년 민음사에서 『미당 시 전집』이 나왔다.

1948년 『동아일보』 사회부장·문화부장, 문교부 예술국장을 지냈고, 1954년 대한민국예술원 회원이 되었다. 이후 1952년 조선대학교에 문학부에 부교수로 발령을 받고 3학기 동안 재직하였다. 1953년 9월 28일 서울이 수복되자 서울로 상경하였다. 서라벌예술대학교 교수, 동국대학교 문리대학 교수(1959~1979)를 지냈으며, 동국대학교 대학원 종신 명예교수가 되었다. 1971년 현대시인협회 회장, 1972년 불교문학가협회 회장, 1977년 한국문인협회 이사장, 1984년 범세계 한국예술인회의 이사장, 1986년 『문학정신』 발행인 겸 편집인을 지냈다.

서정주 시인은 그의 시를 통해서 생명의 근원성에 관하여 관심을 가지고, 존재의 영원성에 도달하고자 하였다. 또한, 언어 미학의 완성을 위해 끊임없이 노력하였다. 전통적인 서정 세계에 관심을 가지고 토착적인 언어의 시적 세련을 달성하였다. 시 형태의 균형과 질서가 내재된 율조로부터 자연스럽게 조성되고 있다. 서정주 시인의 시에서 나타나는 탁월한 상상력과 언어적 감성은 그의 시적 성취를 이루는데 중요한 바탕이 되었다.

눈물 아롱아롱
피리 불고 가신 임의 밟으신 길은
진달래꽃 꽃비 오는 西域 三萬里
흰 옷 여며여며 가옵신 임의

다시 오진 못하는 巴蜀 三萬里

신이나 삼아 줄 걸 슬픈 사연의
올올히 아로새긴 육날 메투리
은장도 푸른 날로 이냥 베어서
부질없는 이 머리털 엮어 드릴걸,

초롱에 불빛 지친 밤하늘
구비구비 은핫물 목이 젖은 새
차마 아니 솟는 가락 눈이 감겨서
제 피에 취한 새가 歸蜀途 운다.
그대 하늘 끝 호올로 가신 임아

—「歸蜀道」, 『귀촉도』(1948)

이 시에서는 전통적인 이별의 정한이 정서적인 주를 이루고 있다. 7·5조의 민요조 리듬을 가지고 있어서 내용과 리듬이 잘 어우러진다. 이별의 한이 그려져 있는 이 시는 죽음을 상징하는 "西域 三萬里"와 "巴蜀 三萬里"를 통해서 사랑하는 사람이 건너간 저승길을 이야기한다. 이 시는 고국으로 돌아가지 못하는 망국의 한을 가진 귀촉도의 전설[4]을 배경으로 깔고 있다. 시의 화자는 임을 잃은 여성의 목소리를 가지고 있다. 2연에서 화자는 임의 떠나는 길에 자신의 머리칼을 베어서 님이 가시는 길에 짚신이나 엮어 줄 걸 그랬다며 안타까워

4) '귀촉도(歸蜀途)'는 촉나라로 돌아가는 길이라는 뜻으로 망해버린 나라인 촉나라로 돌아갈 수 없음을 역설적으로 표현한 것이다.

한다. 이곳에서 머리털은 분신의 의미를 지니며, 님과 함께하지 못하는 안타까움이 깃들어 있다. 머리털을 깎아 만든 짚신을 통해서라도 님이 이승의 한을 갖지 않고 떠날 수 있기를 비는 마음이 진혼의 의미로 읽힌다. "임이 떠나는 길에 "진달래 꽃비"가 내리는 것에서 진달래의 다른 이름 두견화를 떠올리게 한다. 진달래는 두견새가 울 때 핀다고 해서 두견화라 불리기도 한다. "이는 두우에 얽힌 사연이다. 서정주는 바로 이러한 망제의 회한(悔恨)을 시화(詩化)했다. 시인에게 있어 '에덴동산의 공간'은 바로 돌아가야 할 곳이지 머물 곳은 아니다. 시인은 이미 설화 속 두우의 여인이 되어 두우의 '슬픈 사연'을 누구보다도 잘 알고 있다. 시적 화자는 님을 다시는 돌아올 수 없는 "서역 삼만리", "파촉 삼만 리"로 떠나보낼 수밖에 없다. 그리하여 자신의 머리칼을 베어 님이 가시는 길에 육날 미투리나 삼아 주고자 한다."[5] 잃어버린 나라, 잃어버린 사람에 대해 이별의 정한이 가장 절절하게 그려진 작품으로 손꼽힌다.

가난이야 한낱 남루(襤褸)에 지나지 않는다.
저 눈부신 햇빛 속에 갈매빛의 등성이를 드러내고 서 있는
여름 산(山) 같은
우리들의 타고난 살결, 타고난 마음씨까지야 다 가릴 수 있으랴.

청산(靑山)이 그 무릎 아래 지란(芝蘭)을 기르듯
우리는 우리 새끼들을 기를 수밖에 없다.

5) 김영일, 「미당 서정주 시 연구」, 경성대학교 박사논문, 2011, 60쪽 참조.

목숨이 가다 가다 농울쳐 휘어드는
오후(午後)의 때가 오거든,
내외(內外)들이여, 그대들도
더러는 앉고
더러는 차라리 그 곁에 누워라.

지어미는 지애비를 물끄러미 우러러보고,
지애비는 지어미의 이마라도 짚어라.

어느 가시덤불 쑥구렁에 놓일지라도
우리는 늘 옥돌같이 호젓이 묻혔다고 생각할 일이요,
청태(靑苔)라도 자욱이 끼일 일인 것이다.

—「無等을 보며」, 『현대 공론』(현대공론사, 1954.08)

이 시는 서정주의 후기 시의 대표작으로 꼽힌다. 서정주가 한국전쟁 발발로 인해 광주에 내려와 3학기 동안 조선대학교에서 근무하면서 얻은 시다. 이 시절은 너나없이 궁핍하고 고달픈 삶이었다. 당시 조선대 부교수의 월급은 '겉보리 열닷 말'에 가족과 함께 기거할 수 있는 한 칸짜리 방이었다고 한다. 정신적 육체적 어려움 속에서도 그가 꾸준히 해 온 일이 광주의 상징 무등산을 읽는 일이었다. 광주를 떠난 후에 이 작품을 발표하였다.

주변의 어떤 환경에 대해서도 불평하지 않고 담담하고 의젓한 모습을 보여주는 무등산을 보며 시인은 가난을 이겨내는 삶의 지혜를 터득한다.

1연에서는 무등산을 남루한 옷을 걸쳐 입어서 등허리가 보이는 사람의 모습에 비유하였다. “가난이란 한낱 남루에 지나지 않는다”로 시작되는 시 구절 속에서는 인간의 가치는 물질로 평가되지 않는다는 화자의 가치관이 들어 있다. 궁핍 때문에 인간으로서의 가치를 상실하거나 인간의 순수한 본성이나 마음, 인간적 도리를 저버리는 것은 참으로 어리석다 뜻이다. 물질에 대한 화자의 태도를 엿볼 수 있다. “갈매빛”은 짙은 초록빛이다. 갈매빛 가난이란 한낱 우리 몸에 걸친 헌 누더기 같은 것이어서, 가난할수록 허릿 잔등이 드러나듯이 우리의 “타고난 마음씨”는 오히려 빛나는 것이 된다는 넉넉한 마음이 깔려 있다. 무등산은 화자가 볼 때마다 변함없이 짙은 초록빛의 등성이를 드러낸다. 2연에서는 무등의 푸른 산이 그 기슭에 영지와 난초를 기르듯이, 아무리 궁핍하더라도 자식을 무릎 아래 키울 수밖에 없는 것은 존재의 가장 중요한 이유가 거기 있기 때문이라고 말한다.

3연에서는 살다가 기운을 잃고 풀이 꺾이어 배고파 허기진 오후의 때가 오거든 부부는 차라리 서로 사랑하라고 말한다. 사랑만이 이 모든 고난을 이겨내는 힘이 될 수 있음을 보여 준다. 무등산은 앞에 앉은 산과 뒤에 앉은 산으로 되어 있다. 앞에 있는 것은 누워있는 것 같고 뒤에 있는 산은 일어나 있는 것 같다. 이것을 보고 “내외들이여, 그대들도 / 더러는 앉고 / 더러는 차라리 그 곁에 누워라”라고 말했다. 그리고 4연에서는 두 산을 지어미와 지애비로 비유하여 “물끄러미 우러러 보고 (…중략…) / 이마라도 짚”으면서 서로 갸륵한 사랑 속에 있으라고 말했다. 5연에는 한 걸음 더 나아가 “가시덤불 쑥구렁”으로 상징하고 있는 궁핍하고 고통스러운 현재의 삶들을 “옥돌같이 호젓이 묻혀 있다”는 고결한 정신으로 극복하겠다는 의지를 보여주고 있다.

임 학 수

(林學洙, 1911.07.02~1982.06.21)

임학수(林學洙) 시인은 1911년 7월 3일 전라남도 순천시에서 출생하였다. 호는 악이(岳伊)이다. 많은 소작 농토를 둔 집안으로 유복한 유년시절을 보냈으며, 살구나무집이라고 불릴 정도로 꽃나무가 무성했다고 한다. 순천 보통학교를 거쳐 훗날 경기중학교가 된 제1고등보통학교를 졸업했다. 1931년 경성제대 예과를 거쳐 1936년 경성제대 법문학부 영문학과를 졸업했다. 그가 경성제대를 다닐 때 가세가 기울어 순천의 육영회 장학금으로 학업을 마쳤다. 그 후 배화여고 등에서 교사로 재직하고 광복 이후 초창기의 서울여자대학 교무처장 겸 교수를 지냈다. 그 뒤 고려대 교수를 역임하였다. 이때 「조선 문학가 동맹」에 관여하였으나 유파와 관계없이 거의 독자적으로 활동하였다. 6·25전쟁 중인 1951년 4월 서울에서 납북되었다. 이후 그는 김일성종합대학과 평양외국어대학 등에서 후대 교육사업과 외국 문학을 번역 소개하는 사업에 참여한 것으로 알려졌으며 김일성을 찬양하는 책을 번역하여 해외에 소개하는 일에 힘을 쏟았다고 전해진다.

그는 1930년대 초부터 시를 쓰기 시작하여 1931년 『동아일보』에 「우울」을 위시하여 「고요한 봄」·「먼 곡조」·「항해」·「주인은 어디 가고」 등을 발표하여 문단 활동을 시작하였다. 1930년대 후반에는 『석류』(1937), 『팔도풍물시집』(1938), 『후조』(1939), 『전선 시집』(1939) 및 광복 이후 발간한 『필부의 노래』(1948) 등의 시집이 있다. 시집 외에 단편소설 「가마귀」(1934), 「금혼식」(1937), 「침전한 미소」(1937) 등이 있고, 평론으로는 「현대 영시의 동향」(1936) 등이 있다.

그의 시 세계의 전반은 늘 비감에 젖어 있는 서정적 자아라고 할 수 있다. 그는 자주 일제 식민지라는 어둡고 고된 현실 속에서 심약하고 유순한 시인의 성격이 시달리는 고뇌를 노래했다. 첫 시집 『석류』(1937)에 수록된 서사시 「견우」는 최재서에 의해 '남성적인 힘의 문학'으로서의 서사시가 부흥하는 현상의 하나라고 호평받기도 하였다. 초기 시에는 '자연과의 동화', '자연의 신비와 구원'을 추구했다. 그의 시에는 자연을 대하는 낭만적인 자세를 갖고 있다.

『팔도풍물시집』을 통해 우리의 역사적 유물이나 유적지를 소재로 하여 역사의식과 민족의식을 드러냈다는 평가를 받았다. 팔도의 풍물은 소재주의 차원의 시적 표상물이 아니라 역사의식을 환기해 주는 의식의 표개물이요, 표상의 상관물로서 역사의식에 투철한 민족시인으로도 평가할 수 있다. 이후 자유와 해방을 갈구하는 바람을 중국의 거대한 자연에 주목하여 광막 호탕한 시경과 호연지기를 노래하는 현실 초탈의 시풍으로 변모하였다.

분홍 저고리와 긴 치마자락
기름도 안 바른 머리단과 숫된 마음색,
한마디 묻는 말에도 가벼히 낯 붉히고
때때로 눈 쳐들면 그 맑은 웃음마저
너무나 수줍은 조선의 소녀

오직 그대만이 나의 사랑이외다.

원망이란 모르고 한갓 믿음뿐
몸과 팔 연약하면서도 절갤랑 굳나니,
내만일 조심스레 그 손을 어루만지면
羊처럼 고개 숙이고 다시 들줄을 몰라
너무나 유순한 조선의 소녀
오직 그대만이 나의 사랑이외다.

봄 오면 두던에 올라 아지랑이 나는 새로
한가히 허리굽혀 나물캐기 노래하며
가을들 금(金)이랑에 철늦은 잠자리 쫓아
어린 사슴처럼 어여뻐 그 다리의 뛰노는 양
너무나 천진스런 조선의 소녀
오직 그대만이 나의 사랑이외다.

—「조선의 소녀」, 『석류』(한성도서, 1937)

이 시는 조선 소녀의 미덕을 칭송하고 있다. 그것은 각 연의 순서대로 '수줍음', '유순함', '천진함'이다. 이를 통해 화자의 전통적이며 보수적인 여성상을 엿볼 수 있다.

첫째 연은 소박한 옷차림과 맑은 웃음마저 너무나 수줍은 조선 소녀의 모습이다. 그러한 조선의 소녀를 화자는 "오직 그대만이 나의 사랑이외다."를 각 연의 후렴구에서 반복하고 있다. 둘째 연은 "몸과 팔 연약하면서도 절갤랑 굳나니"로 몸은 비록 연약하지만, 절개는 굳은 조선의 소녀를 칭송하고 있다.

셋째 연은 봄이 오면 언덕에 올라 나물을 캐고 가을에는 잠자리 쫓아다니며 천진스럽게 자연과 어울리는 모습이 그려져 있다. 계절 따라 뛰노는 모습을 천진스럽게 보고 있다.

소박한 한국여성의 옷차림에 절개를 목숨처럼 생각하고 부모와 어른들에게 순종만을 받들었던 유순함을 화자는 가장 사랑하는 덕목으로 생각하면서 부끄러워하는 순박함이 몸에 밴 소녀의 정서를 형상화하였다. 예절과 가정교육을 중시하던 조선의 전통적 성격에 맞추어 자라는 소녀의 순박함과 때 묻지 않은 천진스러움을 조국을 사랑하듯 그렇게 애정 깊게 보면서 각 연의 마지막에 "오직 그대만이 나의 사랑이외다"라고 뜨겁게 고백하고 있다.

안욱히 푸르러 조고마한 호수와
그 호수를 둘러싼 울창한 숲과
머리 우에는 힌구름 밤되면 분홍별.

그밖에는 아무것도 바라지 않습니다.
그대와 나와 보금자리를 얽기에
사랑이어! 한가지도 모자랄것이 없읍니다.

이따금 방울 날리며 사라지는 銀魚와
바람도 없이 하느적어리는 두서넛 갈대와
풀끝에 맺힌 이슬 아침부터 와 우는 새.

그밖에는 아무것도 바라지 않습니다.
그대와 나와 보금자리를 얽기에

사랑이어! 한가지도 모자랄 것이 없습니다.

—「호수(湖水)」, 『석류』(한성도서, 1937)

이 시는 임학수의 첫 시집 『석류』(1937)에 실린 작품으로 낭만적이고 서정적인 취향이 드러난 시다. 이 시의 화자는 여성성을 지니고 있으며, 서구 낭만주의적인 시 영향을 많이 받은 것으로 알려졌다. 당시 조선의 알려진 문장가였던 최재서가 임학수를 두고 "탐미주의자"[6]라고 했던 까닭도 임학수의 시가 보여주고 있는 낭만적인 배경 묘사와도 관련이 있어 보인다. 화자는 호수를 이상향의 공간으로 설정하고 있다. 그곳에 보금자리를 꾸며두고 사랑하는 이를 불러들였다. 그가 있는 한 화자가 있는 공간은 모자란 것이 없는 이상적인 공간이 된다. "모자랄 것이 없습니다"의 반복을 통해서 그대가 없는 상황을 더욱 절실하게 느끼게 한다. 그대만 있으면 모든 것이 완벽한 상황이다. 화자는 그대가 없는 호수에서 사랑을 찾는다. 화자는 모자랄 것이 없는 완벽한 호수의 조건을 그대와의 보금자리를 얽는 일로 제시한다. "이는 책으로 배운, 즉 교양으로서의 낭만주의에 그의 초기시가 기울어 있었음을 말해 주는 것이다. 서구적 교양으로서의 낭만성의 흔적은 이 이외에도 그리스 신화 속의 이름들을 스스럼없이 호명하는 자리나 특정의 대상도 없이 순간 호명되는 낭만적 '사랑'의 모티프에서도 흔히 산견(散見)되곤 한다."[7] 임학수의 초기 시들이 이렇듯 특정 대상도 없이 이상적 상황을 불러들이고, 그것을 희구하는 모습을 가지고 있다.

6) 최재서, 「시와 도덕과 생활」, 『문학과 지성』, 인문사, 1939, 191쪽.

7) 이명찬, 「'아름다움'에 이르려는 방황: 임학수론」, 『한국근대문학연구』 24, 2011, 125~150쪽.

1950~1960년대 남도의 시문학사

1950년 이후는 해방 직후 새롭게 열린 민족사적 가능성과 도전이 외세의 개입과 민족 구성원들의 분열로 말미암아 좌절된 시기였다. 또한, 계급으로서의 민족문학과 순수문학으로서의 민족문학이라는 두 경향으로 대립된 시기이기도 하였다.

이 시기의 한국문학은 전쟁체험의 시, 전통 서정시, 실존적 서정시, 모더니즘 시 등 그 방향성이 다양화되고 집단화되는 경향을 보이게 되었다.

1951년에는 목포에서 『갈매기』가 창간되어 호남 문학이 본격화되었다. 이 문예지는 범 문단적인 작품 발표의 성격을 띠고 있었으며 제4집까지 발간되었다. 1955년부터는 『영도』 등과 같은 동인지가 발행되어 광주·전남 문단이 동인지를 중심으로 하는 활동이 본격화되었다. 1952년 9월 5일 목포 항도출판사에서 『시정신(詩精神)』이 창간되어 문단의 관심을 모았다. 창간 취지와 목적으로 "온갖 유파의 혼란, 기교의 지단말류의 혼류 속에서 시의 바른 길을 찾아 이끌어 나가는 것"으로 삼고 시의 정도를 세우고자 하였다. 500부 한정판으로 출발한 『시정신』은 그 후 10년 동안 제5집까지 발간되었다. 차재석이 편집을 맡은 이 전문지에는 창간호에 이병기·신석정·서정주·김현승·박흡·이동주 등 당시 문단의 중견 시인이 작품을 발표하였다. 이 외에도 『조대문학동인회』(1954)가 결성되었고, 『동인문학』(1957), 『문학지』(1957)가 창간되었다.

1950년대 후반에는 김현승을 중심으로 『신문학』과 서정주를 중심으로 한 『시정신』, 박성룡을 중심으로 한 『영도』 동인들이 치열한 시작 활동을 하였고 이 지역 신문들이 문예면을 대폭 확대하면서 시 분야에서는 활기를 띠게 되었다.

1960년대는 한국전쟁의 상처를 극복해야 하는 과제를 안고 있으면서 4·19와 5·16이라는 정치적 소용돌이, 경제적인 성장이라는 문제가 맞물려 있는 복합적인 시기였다. 한국 시문학사에서도 문학이 사회적인 현실에 대해 적극적인 관심을 가져야 한다는 사회 참여문학을 형성하였다.

또한, 순수 서정시를 쓰는 시인들은 참여시가 현실에만 초점을 맞춤으로써 인간의 자유로운 정신을 억압할 수도 있다고 보고 이를 경계하였다. 이러한 순수·참여의 양극화 시대에서 광주·전남의 시인들도 그들의 작품 속에서 시대 체험으로 나타내거나 내성적인 향토체험으로 형상화하였다.

1960년 목포에서 『목포문학』이 발행되었으며, 1961년에는 광주·전남을 이끌어서 '전남예총'과 '광주 문인협회'가 창립되었다. 1960년대에는 많은 문학동인회가 결성되었는데 '시예술동인회'·'월요문학동인회'·'순문학동인회'·'시향동인회'가 형성되었다. 1967년에는 '원탁동인회'가 형성되어 이 지역 문학운동의 구심점 역할을 하였다.

1966년 시 전문 동인지 『흑조(黑潮)』가 나오게 되었으며, 1967년에 『보름문학』·『해안선』·『목요회』·『목문학』 등이 나왔고, 전남에서도 『문학자』(1961)·『꽃동산』(1964)·『영산강』(1969) 등 많은 동인지가 출현하여 동인지 문단 시대를 형성하였다.

한 하 운

(韓何雲, 1919.03.20~1975.02.28)

한하운(韓何雲) 시인은 1919년 함경남도 함주에서 태어났다. 본명은 태영(泰永)이다. 대부호의 집안에서 장남으로 태어나 어려서부터 수재로 인정을 받았다. 1932년 함흥 제일공립보통학교를 졸업하고 경성제국대학 부속병원(현 서울대학교 부속병원)에서 한센병 확정 진단을 받게 된다. 1937년 이리 농림학교를 졸업한 후, 일본으로 건너가 동경 세이케이고등학교 2년을 수료하였다. 1943년 베이징대학 농학원을 졸업하였다. 1944년부터 함경남도 도청 축산과에 근무하였으나 1945년 한센씨병(나병)이 악화하였다. 이로 인해 관직 생활을 접고 잠시 서점을 경영하였다. 1946년에는 함흥 학생데모 사건 혐의를 받고 체포되었다가 석방되었다. 1948년 월남하였으며 긴 유랑생활을 하였다. 성혜원을 설립하였으며 1952년 신명보육원을 설립하였다. 1953년 대한한센연맹위원회장으로 취임하여 나환자구제사업을 하였다. 1966년에는 한국 사회복지협회장을 역임하였고, 무하문화사라는 출판사를 경영하였다.

1949년 이병철의 소개로 『신천지(新天地)』 4월호에 「전라도길」 외에 12편의 시를 발표하면서부터 본격적인 문단 활동을 시작하였다.

1949년 『한하운시초』, 1955년에는 『보리피리』, 1956년에는 『한하운시전집』을 펴냈다.

자서전『나의 슬픈 반생기』(1957)와 자작시해설집『황톳길』(1960) 등이 있다.

그의 작품은 나환자라는 독특한 개인 체험을 바탕으로 하면서도 감상성으로 흐르지 않고 객관적 어조를 유지하여 표현함으로써 해방과 전후 사회의 역사적 고통과 인간의 근원적 고통을 아울러 환기하고 있다. 또한 인간이기를 포기할 수밖에 없었던 상황에서 온전한 인간이 되기를 바라는 간절한 염원을 서정적이고 민요적인 가락으로 노래한 그의 시는 많은 사람의 심금을 울렸다.

가도 가도 붉은 황톳길
숨막히는 더위뿐위더라.

낯선 친구 만나면
우리들 문둥이끼리 반갑다.

천안(天安) 삼거리를 지나도
수세미 같은 해는 서산(西山)에 남는데

가도 가도 붉은 황톳길
숨막히는 더위 속으로 절름거리며
가는 길.

신을 벗으면
버드나무 밑에서 지까다비를 벗으면

발가락이 또 한 개 없어졌다.

앞으로 남은 두 개의 발가락이 잘릴 때까지
가도 가도 천리(千里), 먼 전라도 길.

—「전라도의 길」, 『신천지』(1949.04)

이 시는 천형으로 불리는 '나병'을 앓는 비극적인 화자의 절망적인 삶의 여정을 형상화한 시다. 1949년 『신천지』 4월호에 발표된 12편의 작품 중의 하나이다. 부재로 쓰인 "-소록도로 가는 길-"은 이 시에서처럼 발가락이 떨어져 나가는 길이고, 고통을 꼭 껴안고 걸어가는 길이다. 이 시를 쓸 당시의 소록도는 죽음의 유형지로 여겨지던 시대였다. 천형을 앓고 있는 자들이 수용되는 곳이었고 인권의 사각지대로 널리 알려진 곳이었다. 그러한 곳으로 찾아가는 화자의 발걸음은 "가도 가도 붉은 황톳길"이고 "가도 가도 천리"이다. '천리'는 고향 함주에서 소록도까지의 지리적 거리일 뿐만 아니라 시인의 '절망적 거리'이면서 일반인과 융화될 수 없는 '삶의 거리'이다.

2연에서 화자는 동병상련의 정을 이야기한다. "낯선 친구 만나면 / 우리들 문둥이끼리 반갑다"는 진술을 통해서 화자가 얼마나 많이 고통스럽게 관계에 대해 소외되었는지를 알 수 있다. "지까다비를 벗으면 / 발가락이 또 한 개 없어졌다."는 구절이 절절하게 다가오는 것은 황톳길을 걸어가는 화자의 지독한 의지가 보이기 때문이다. 간신히 천안에 이르렀어도 해는 '수세미'같기만 하다. 아직도 거친 하루가 계속되고 있음을 의미한다. 끊어지지 않는 고통스런 일상이 죽음길을 지나는 화자에게도 달려든다. "신을 벗으면 / 발가락이 또 한 개 없어"진다는 시구에서 독자는 몸서리가 쳐지지만, 화자는 도리어 "앞으로 남은 두 개의 발가락이 잘릴 때까지" 계속 갈 수밖에 없다고 담담하게 말하고 있다.

나는
나는
죽어서
파랑새 되어,

푸른 하늘
푸른 들
날아다니며

푸른 노래
푸른 울음
울어 예으리.

나는
나는
죽어서
파랑새 되리.

―「**파랑새**」, 『**보리피리**』(인간사, 1955)

이 시에서 파랑새는 희망과 자유를 상징한다. 화자는 죽음과 동행하는 삶을 산다. 남도의 황톳길을 발가락을 잃어가며 걸었던 시인은 파란 하늘을 날아다니는 파랑새를 꿈꾼다. 1연에서 "나는 / 나는 /

죽어서 / 파랑새 되어," "나는"이라는 말을 2번씩이나 행을 바꿔가며 강조한다. 여기에서 '나'는 버리고 싶은 '나'이며, 변화하고 싶은 '나'이다. 하늘은 화자가 견디며 걷는 땅 위에 있다. 이제 화자는 무심하게 내려보는 그 하늘을 날고 싶어 한다. 꿈을 꾸는 일은 시인에게 죽어서야 가능한 일들로 만든다. 나병 환자들에 대해 당시의 사람들은 천형에 걸렸다며 혹독하게 대했다. 시인이 반복하는 나와 파랑새는 시인의 고통과 대비된다. "인간은 근원적으로 변신에 대한 願望을 지니고 있다. 그것은 바로 이 변신을 통해서 폐색된 현실적인 삶의 초월이 가능하다고 믿기 때문이다"[8]라는 언급처럼 이 시에서 파랑새에 관한 자세는 화자가 자신의 삶을 부정할 수 없는 상황에서 취할 수 있는 유일한 희망이다. 죽음이 죽음으로 그치지 않고 윤회를 거듭하여 새로운 존재로 탄생할 수 있다는 믿음은 현재의 삶을 받아들일 수밖에 없는 존재의 고통을 완화시킨다.

---

8) 이재선, 『한국문학주제론』, 서강대학교 출판부, 1989, 42쪽.

이 동 주

(李東柱, 1920.02.28~1979.01.29)

이동주(李東柱) 시인은 1920년 전라남도 해남군 현산면 읍호리에서 태어났다. 본관은 전주(全州). 호는 심호(心湖)이다. 해남 전주 이씨의 집성촌인 이조참판 이재범의 증손자로 양반세가로서 유년시절을 유복하게 보냈다.

조부가 세운 달산학교(현재 현산초등학교)에 다녔으나 가세가 기울어 그 뒤 외가의 공주에서 공주고등보통학교를 졸업하였다. 1940년 6월 『조광(朝光)』에 시 「귀농(歸農)」·「상렬(喪列)」 등을 발표하면서 문단 활동을 시작했다.

1942년 혜화전문학교를 2년 만에 중퇴하고 목포시청·해남 황산면 사무소에서 근무하기도 하였다. 광주 호남신문사 문화부장을 역임했으며, 이 무렵 시집 『네 동무』를 발간하는 데 참여했다. 서울연합신문사 문화부 차장을 역임하였으며, 1950년 서정주의 추천을 받아 『문예(文藝)』지에 「황혼(黃昏)」·「새댁」·「혼야(婚夜)」 등을 발표하였다. 1951년 『혼야』를, 1955년 『강강수월래』를 발간하였다. 이 책에 수록된 시들 중 「혼야」·「강강술래」·「새댁」은 우리 민속과 관련된 전통 서정의 세계를 감각적인 심상과 음악적인 언어로 형상화하면서 이동주 초기 시세계의 특성을 잘 보여주고 있다.

이 밖에 다수의 평론을 발표하였으며, 1967년 이후는 '실명소설(實名小說)'이라는 소설의 분야를 개척하여 「박종화」(현대문학, 1967. 02), 「김영랑」(현대문학, 1967.03), 「유치환」(현대문학, 1967.04) 등의 일대기를 소설화한 작품을 발표하였다. 유고집으로는 시선집 『산조』(우일문화사, 1979), 실명소설집 『빛에 싸인 군무(群舞)』(문예비평사, 1979) 등이 있다.

그의 시 작품의 특성은 고향의 정서에 기반을 둔 향토적 서정을 보여주고 있다. 우리말의 아름다움과 한의 정서를 전라도 노랫가락에 실어 한국 전통 서정시의 맥을 지켜온 그의 시풍을 가리켜 '정한과 향토성의 미학'으로 분석하는 평자가 많다.

여울에 몰린 은어 떼

가아옹 가아옹 수우월래에

목을 빼면 설움이 솟고……
白薔薇 밭에
孔雀이 醉했다.

뛰자 뛰자 뛰어나 보자
강강술래

뇌누리에 테프가 감긴다.
열두발 상모가 마구 돈다.

달빛이 배이면
술보다 독한것

갈대가 스러진다
기폭이 찢어진다.

강강술래
강강술래

—「강강술래」, 『散調』(우일문화사, 1979)

이 시는 1955년 「강강술레」라는 제목으로 발표한 후 여러 번의 개작을 거친 작품으로 1961년 『한국전후문제시집』에는 1연과 2연 사이에 "삐비꽃 손들이 둘레를 짜면/달무리가 비잉 빙 돈다"가 삽입되어 있고 8연이 "旗幅이 찢어진다/갈대가 스러진다"로 되어 있다.

둥근달 아래서 민속적 원무인 '강강술래'를 하는 무리의 모습과 춤의 연행과정을 시각적인 회화성과 청각적인 음악성으로 조화시켜 그 아름다움과 삶의 애환을 형상화한 작품이다. 소녀들이 달밤에 강강술래를 하고 있다. "백장미 밭"은 그 시대 '설움을 가진 달빛'이 될 것이다. "여울에 몰린 은어 떼"는 춤추기 전에 모여든 아낙네들의 은유이다. 설움을 가진 달빛 속으로 아낙네들이 모여든 것이다. 처음은 강강술래의 노랫가락처럼 느릿느릿 시작한다. 그러다가 "뛰자 뛰자 뛰어나 보자"고 하여 점점 빨라지는 호흡을 느낄 수 있다. 5연에서는 "뇌누리에 테프가 감기"고, 7연에서는 "갈대가 스러지"고 "기폭이 찢어"질 정도로 격렬한 동작이 되어 춤의 절정에 달하게 된다.

"달빛이 배이면/술보다 독한 것"이라고 하여 독한 술에 취한 것보다 더 무아지경에 이르는 인간과 자연이 혼연일체가 된다. 화자 자신도 혼연일체가 된다. 그러고도 춤은 계속된다. 아낙네들의 설움은 해소된다. 달빛과 춤과 노래, 그리고 삶의 애환까지를 모두 하나로 일체화함으로써 환상적인 느낌이 들게 할 뿐만 아니라, 고도의 축약으로 춤을 언어로 담아낸 작품이다.

琴瑟은 구구 비둘기……

열두 屛風
疊疊 山谷인데
七寶 황홀히 오롯한 나의 방석
오오 어느 나라 公主오이까
다소곳 내 앞에 받들었소이다

어른일사 圓衫을 입혔는데
수실단 부전 香이 애릿해라

黃燭 갈고 갈아
첫닭이 우는데
깨알 같은 情話가 스스로워

눈으로 당기면 고즈너기 끌려와 혀끝에 떨어지는 이름

사르르 온 몸에 휘감기는 비단이라

내사 스스로 義의 長劍을 찬 王子

어느새 늙어 버린 누님같은 아내여.
쇠갈퀴 손을 잡고 세월이 원통해 눈을 감으면

살포시 찾아오는
그대 아직 新婦고녀

琴瑟은 구구 비둘기

—「婚夜」 전문

이 시는 1950년 이동주가 문예지에 추천받았던 작품이다. 이후 1951년 시집 『婚夜』(호남공론사)에도 수록하였다. 여러 편의 상이한 작품이 있는데 위의 시는 1987년 이동주 시집에 실린 것을 수록하였다. 이 시는 이동주가 문예지에 추천받았던 시 중의 하나이다.

이 수 복

(李壽福, 1924.02.16~1986.04.09)

이수복(李壽福) 시인은 1924년 전라남도 함평군 함평읍 함평리에서 태어났다. 목포시에 있는 문태중학교를 졸업했으며, 이후 서울대학교 예과를 마쳤다. 1950년대 중반 무렵 조선대학교에서 강의를 하였다. 1963년 조선대학교 국어국문학과 3학년에 편입 1965년 졸업했다.

서정주시인에 의해 1954년 시 「동백꽃」이 『문예』에 추천되었다. 1955년에는 「실솔」, 「봄비」가 『현대문학』 3월호에 추천되었다. 서정주는 추천사에서 "상(想)에 햇것이 묻지 않은 게 첫째 좋고 그 배치와 표현에도 성공했으려니와 요즘 시단 시인의 대부분이 뜻을 찾다가 시에 감동이나 지혜의 움직이는 모양을 주어야 할 것까지를 잊어버리고 천편일률로 '이다', '이었다', '하였다'만 되풀이하고 있는 실상에 비해서 자기 시의 몸놀림이나마 뜻과 아울러 같이 가져보려고 노력한 점도 요새 일로서는 귀한 작품이다."라고 하였다.

이 시대에는 학령에 맞추어 대학에 진학하지 않고 사회생활을 하다가 늦게야 대학에 들어간 사람들이 허다하였는데 이수복도 그중의 한 사람이었지만 조선대 동문 중에서 제일 먼저 문단에 나왔다. 이어 「무등부」(1955), 「무덤과 나비」(1956), 「꽃상여 엮는 밤」(1957),

「외로운 시간」(1958), 「모란송」(1958), 「소곡」(1958), 「황국미음」(1959) 등의 작품을 『현대문학』에 잇달아 발표하였다. 1950년대 문단에서 주목을 받았다.

순천고등학교와 전남고등학교 등에서 교직 생활을 병행하며 작품 활동을 한 시인은 1986년 전남 승주군 주암고등학교에 재직할 때 순직했다. 세상을 떠날 때까지 생전에 단 한 권의 시집 『봄비』(1969)를 남겼다. 『봄비』에는 대표작으로 알려진 시 「봄비」를 비롯해 34편의 시가 수록되어 있다. 문학평론가 조연현의 서문에 의하면 이 34편의 시는 20여 년에 걸쳐 쓴 시 중에서 고른 작품이라고 한다. 모국어의 완벽한 체득에서 출발한 시인의 작품은 전반적으로 민요적 정서를 부드러운 운율로 담아내는 전통적 서정시의 시풍을 보여주었다.

2010년 이수복 시인의 미발표작을 모아서 전집 『봄비와 낮달』이 출간되었다. 총 5부로 구성된 『봄비와 낮달』은 미공개 시 22편과 소설·산문·평론·봄비 영인본 등을 담고 있다.

담백하고 소탈한 자신의 인생과 시를 통해 겸손하고 고결한 인간의 보편적 가치를 실현해 보여준 이수복은 한국적 서정의 세계를 '한(恨)의 미학'으로 승화시켜 김소월의 시를 계승한 시인으로 평가된다.

이 비 그치면
내 마음 강나루 긴 언덕에
서러운 풀빛이 짙어오것다.

푸르른 보리밭길
맑은 하늘에

종달새만 무에라고 지껄이것다.

이 비 그치면
시새워 벙글어질 고운 꽃밭 속
처녀애들 짝하여 새로이 서고,

임 앞에 타오르는
향연(香煙)과 같이
땅에선 또 아지랭이 타오르것다.

—「봄비」, 『봄비』(현대문학, 1969)

이 시는 봄에 내리는 비를 통해서 임이 부재하는 상황을 그려내고 있다. 봄은 만물이 긴 겨울잠에서 깨어나 새로운 삶을 설계하는 약동의 계절이다. 그러나 봄은 화자에게 결코 즐거운 것이 아니다. 그것은 임이 부재하기 때문이다. 이러한 봄을 맞이하여 시인은 싱싱하게 물오른 자연의 활기찬 모습을 시각적 심상이 확대되는 모습으로 보여준다. "내 마음 강나루" → "보리밭길" → "꽃밭" → "들판" 등으로 시야가 확대되는 이 시의 구조는 3음보의 전통적 율조에 맞추어 봄을 예찬하고 있다. 이 시를 비롯한 이수복의 초기작에서는 "한 전통적 운율이 구연되고 있으며, 반으로 이러한 정형 운율의 관성이 깔려"[9] 있다. 「비」의 운율은 김소월의 그것과 맥이 닿아 있다 "~것다"라는 종결어미를 반복하여 임에 대한 간절한 그리움을 더해 주고 있다.

1연에서 봄비 그치고 난 뒤 강나루 긴 언덕의 풀빛은 "서러운 풀

9) 민제준, 「이수복 시 연구」, 목포대학교 석사논문, 2013, 46쪽 참조.

빛"이라고 하였다. 그 이유는 사랑하는 님이 곁에 없기 때문이다. 그래서 화자는 겨우내 고통스러웠고 앞으로 그려질 봄의 정경도 기쁘게 여겨지지 않고 서러운 빛깔로 보인다. 보리밭에는 종달새만 외로이 날고 있는 것으로 그려진다. 화자가 그리는 "강나루 긴 언덕", "종달새", "꽃밭 속 처녀애"는 실재하는 대상이라기보다 화자가 마음속에서 그려낸 것이다. 3연은 봄의 생명력이 가장 아름답게 묘사된 곳이다. 봄비가 그치면 다투어 피울 온갖 꽃의 화사함과 역동성을 주고 있으며 "벙글어질"이란 시어를 통해서 곧 피어날 꽃의 모습과 처녀애들의 생기 있는 모습을 동시에 연상시키게 한다. 이러한 '서러움'의 정서를 유발하는 이미지는 4연에서는 '죽음'의 이미지로 이어진다. 땅에서 타오르는 아지랑이는 "임 앞에 타오르는 향연"처럼 느끼게 해준다. 그러나 화자는 봄의 건강하고 밝은 이미지를 통해 임에 대한 그리움을 극복함으로써 봄의 생명력을 예찬하면서도 전통적 애상의 정서를 불러일으킨다.

우리에게 친숙한 제재를 한국적 정서(情緖)로 시화(詩化)한 이 작품은 김소월과 김영랑이 재창조해 놓은 전통적 한(恨)의 세계와 접맥되어 있다.

冬柏꽃은
훗시집간 순아누님이
매양 보며 울던 꽃

눈녹은 양지쪽에 피어
집에 온 누님을 울리던 꽃.

홍치마에 지던
하늘 비친 눈물도
가녈피고 씁쓸하던 누님의 한숨도
오늘토록 나는 몰라……

울어야던 누님도 누님을 울리던 冬柏꽃도
나는 몰라
오늘토록 나는 몰라……

지금은 하이얀 촉루(髑髏)가 된
누님이 매양 보며 울던 꽃
빨간 冬柏꽃.

—「冬柏꽃」, 『문예』(1954.03)

이 시는 '동백꽃'을 보며 누님의 이야기를 하고 있다. 1연과 2연의 과거시제를 써서 누님의 이야기로 누님은 "홋시집"갔다고 했다. '홋'은 시의 내용으로 보아 '후살이'라는 뜻으로 후살이로 시집을 갔을 누님의 서러운 이야기이다. 그러한 누님이 집에 오면 "눈 녹은 양지쪽에 피어" 있던 동백꽃을 보며 헤아릴 수 없는 눈물을 흘렸다. 4연에서의 "울어야던 누님도 누님을 울리던 동백꽃"은 누님과 동백꽃의 동병상련 입장이다. 3연과 4연에서는 과거에서 현재시제로 넘어오면서 그 눈물의 의미를 "나는 몰라…"라고 상기하며 회한에 잠기고 있다. "홍치마에 지던 하늘 비친 눈물"은 누님이 젊은 새색시였을 때 흘렸을 눈물이다. "가녈피고 씁쓸하던 누님의 한숨"을 나는 "오늘토록", 즉 '오늘까지도' 모르겠다고 진술하고 있다. 4연에서 "나는 몰라" "나는 몰라……"라고 강조함으로써 누님의 한숨과 눈물을 모르는 채 지낼 수밖에 없었던 누님과 화자의 정서가 5연에서는 "빨간 동백꽃"으로 집약된다. 이제 누님은 "하이얀 촉루(髑髏)"가 되어 있다. 촉루는 '해골'이라는 뜻으로 죽음의 정서를 환기한다. 누님은 화자가 헤아릴 수 없는 눈물과 한숨을 간직한 채 이미 유명을 달리하신 것이다. 그러한 누님을 이제 화자는 동백꽃을 보며 그리워하고 있다. 누님의 서러운 정서는 "빨간 동백꽃"에 연결되어 누이의 '눈물'을 동백꽃의 '빨간' 이미지로 환원시켜 그 서러움의 강도를 짙게 나타냈다.

조 태 일

(趙泰一, 1941.09.30~1999.09.07)

조태일(趙泰一) 시인은 1941년 9월 30일 전라남도 곡성군 죽곡면 원달리 동리산 태안사에서 출생하였다. 호는 죽형(竹兄)이다. 광주 수창초등학교를 졸업하였고 광주서중학교를 졸업하였다. 광주고등학교를 졸업하였으며 경희대학교 국어국문학과와 동 대학원을 졸업하였다.

1963년 시 「다시 鋪道에서」가 『전남일보』 '속간 11주년 문예 작품 공모'의 가작 3선 입선하였다. 1964년 경희대학교 2학년 재학시 『경향신문』 신춘문예에 시 「아침 선박」이 당선되어 등단한 이후 『신춘시(新春詩)』의 동인으로 활동하였다.

1969~1970년 월간 시전문지 『詩人』을 창간하여 주간을 내면서 김지하·김준태·양성우를 등단시켰다. 1974년 11월 18일 표현의 자유와 민주 쟁취를 위해 〈자유실천문인협의회〉를 만들고 간사직을 맡아 유신독재체제와 맞섰다. 민족문학작가회의 상임이사, 광주대학교 예술대학장 등을 지냈다.

시집에는 『아침 선박』(1965), 『식칼론』(1970), 『가거도』(1983), 『연가』(1985), 『자유가 시인더러』(1987), 『산속에서 꽃 속에서』(1991), 『풀꽃은 꺾이지 않는다』(1995) 등이 있다.

평론으로 『살아 있는 시와 고여 있는 시』(1970), 『민중언어의 발견』(1972), 『분단과 50년대 시의 현재』(1985) 등과, 평론집 『살아있는 시와 고여 있는 시』(1979)를 발간하였으며, 산문집으로 『시인은 밤에도 눈을 감지 못한다』(1996), 『혼자 타오르고 있었네』(1999) 등이 있다.

초기 시는 '전복적 상상력의 세계'를 보여주었다는 평가를 받는다. 그의 시속에서 나타나는 열린 공간인 '골목'을 거쳐 '국토'로 확장됨으로써 역사적 현실에 적극적으로 대응하는 시로 변하고 있음을 밝혔다.

중기 시는 '사회적 상상력의 세계'를 보여주었다. 시간은 '어제'와 '오늘'의 대립, '봄'과 '겨울'이 대립함으로써 극복해야 할 시간과 극복한 시간이라는 중심적 의미를 형성했다. 공간은 '집'을 시작으로 하여 '길'로 이동하였다가 '하늘'과 '땅'을 지향하는 의미의 축을 형성함으로써 역사적 현실과 자연을 향한 시가 공존하고 있음을 알 수 있다.

후기 시는 '생태적 상상력의 세계'를 보여주었다. 여기에서는 시간 지수가 대립의 의미를 나타내지 않고, 자연 질서의 순환에 따르는 것으로 의미화되어 있다. 공간 지수는 '우주'까지 확대됨으로써 자연과 동일화를 이루는 시 세계로 변모하였으며, 전쟁과 정치를 상징하는 시어들은 드물게 나타나고 있다. 또한, 불교에의 귀의가 이 시기 시 세계의 변화를 가져온 핵심으로 자리하고 있음을 알 수 있었다. 즉, 자연과 우주와 삼라만상이 동일화되어 욕심 없는 시 세계를 열게 되었다고 할 수 있다.

> 발바닥이 다 닳아 새 살이 돋도록 우리는
> 우리의 땅을 밟을 수밖에 없는 일이다.

숨결이 다 타올라 새 숨결이 열리도록 우리는
우리의 하늘 밑을 서성일 수밖에 없는 일이다.

야윈 팔다리일망정 한껏 휘저어
슬픔도 기쁨도 한껏 가슴으로 맞대며 우리는
우리의 가락 속을 거닐 수밖에 없는 일이다.

버려진 땅에 돋아난 풀잎 하나에서부터
조용히 발버둥치는 돌멩이 하나에까지
이름도 없이 빈 벌판 빈 하늘에 뿌려진
저 혼에까지 저 숨결에까지 닿도록

우리는 우리의 삶을 불지필 일이다.
우리는 우리의 숨결을 보탤 일이다.

일렁이는 피와 다 닳아진 살결과
허연 뼈까지를 통째로 보탤 일이다.

—「국토서시(國土序詩)」, 『국토』(창작과비평사, 1975)

이 시는 『국토』 연작 시 총 48편의 서시이다. 『국토』 연작 시편은 조태일의 시에서 우리 의식이 강조되는 정점이라고 할 수 있다. 화자에게 '국토'는 우리들의 삶을 지탱하는 땅이자 생존권이며 민중의 삶이 배여 있는 뿌리 깊은 실체이기도 하다. 이 시가 실려 있는 시집 『국토』는 발간되자마자 '대통령 긴급조치 9호'로 판매금지를 당하면서도 역설적으로 문학적 가치를 검증받게 되었다. 시인은 국토를 통해 역사와 만나고 역사를 만들며 채우는 민중의 생명력과 만나게 된다. 화자는 이 시에서는 국토에 대한 지극한 사랑과 새로운 역사에 대한 희망을 꿈꾸며 바닥부터 새로운 세상을 만들어가는 소망을 격정적이고 단호한 어조로 호소력 깊게 말하고 있다.

시의 구성은 1~3연의 전반부와 4, 6연의 후반부로 이루어져 있다. 전반부에서는 우리 민족이 처한 부정적이고 척박한 현실을 깨닫게 해준다. "~수밖에 없는 일이다"이라는 서술적 종결처리 구절은 우리가 처한 현실이 숙명적임을 감지하게 해준다. 그것은 1970년대의 폭압적인 정치 현실에 맞서 "우리의 땅을 밟고", "우리의 하늘 밑을 서성"이며 "우리의 가락 속을 거닐" 수밖에 없는 일이다. "새 살이 돋도록, 새 숨결이 열리도록"에는 국토와 민족에 대한 헌신적인 사랑과 강렬한 생명 의지가 집약되어 있다. "야윈 팔다리"에는 고난의 역사와 현실에 억눌린 민중의 모습이 함축되어 있다. "~수밖에 없는 일이다"는 반복은 강조와 점층적 집약 효과를 지니며, 국토에 대한 맹목적 사랑이 필연적이면서 당위적임을 강조하고 있다.

"발바닥 ~우리의 땅", "숨결 ~우리의 하늘", "팔다리 ~우리의 가락" 등의 구조적 질서와 "~없는 일이다"는 규칙적인 구문의 반복은 국토에 대한 애정과 민중들의 의지를 강조하는 데 매우 효과적이다. 아무리 현실이 어려울지라도 삶은 포기할 수 없다는 것을 말하고 있다. 후반부 4연에서 6연까지는 '풀잎'과 '돌멩이' 혹은 이름 없이 역사의 전면에서 사라져간 숱한 민중들의 '혼(魂)'에까지 우리의 '숨결'이 미치도록 우리의 삶에 불을 지펴 온몸으로 노래해야 마땅한 일이라고 한다.

"~로부터 ~까지"의 구문을 통해 '발바닥'에서 '숨결' 그리고 '하늘'에 이르는 수직적 상상력과 '일렁이는 피'와 '야윈 팔다리일망정'까지 펼치는 수평적 상상력을 교차시키기도 한다. 그러한 상상력과 교차점은 '풀잎'과 '돌멩이'로부터 '빈 벌판 빈 하늘'에 까지 닿아 있는 민중의 '혼'과 '숨결'이 놓이는 자리였다.

6연에서는 "피"와 "살결"과 "뼈"까지도 "통째로 보태"야 한다면서 부정적 현실에 대해 강하게 저항하며 국토에 대한 애정을 잃지 말자는 그의 의지를 단호한 목소리로 온 힘을 다해 드러내고 있다.

뼈다귀와 살도 없이
너희가 뱉는 천 마디의 말들을
단 한 방울의 눈물로 쓰러뜨리고
앞질러 당당히 걷는 내 얼굴은
굳센 짝사랑으로 얼룩져 있고
미움으로도 얼룩져 있고.

너희의 녹슨 여러 칼을
꺾어 버리며, 내 단 한 칼은
후회함이 없을 앞선 심장 안에서
말을 갈고 자르고
그것의 땀도 갈고 자르며

늘 뜬 눈으로 있다.
그 날카로움으로 있다.

—「식칼論②: 허약한 詩人의 턱 밑에다가」, 『식칼론』(시인사, 1970)

이 시는 시대의 고통스러운 이야기를 개인의 서정에 담아서 보여주고 있다. 조태일 시인의 시 속에서는 곳곳에서 풍자와 시대에 대한 강한 분노가 들어 있으면서도 개인 서정이 함께 녹아 있다. 그런 이질적인 요소들이 하나로 모일 때 그의 시는 점점 흥미로워짐을 느낀다. 이 시에서 화자는 세상과 맞서서 싸우는 존재다. 저항의 의지가 식칼을 통해서 확연하게 드러난다. 화자의 저항 의지는 이미지의 대립을 통해서 선명해진다. 세상에는 칼을 든 자들은 많지만, 화자처럼 분명하고 결연한 의지를 보이지 않는다. 화자의 칼은 후회함 없이 심장 안에서 뜬 눈으로 날카로움으로 되살아난다. "내 단 한 칼" 등의 단호한 어조를 통해서 삶의 방향성을 확보한다. 이처럼 시인은 자신이 처해 있는 모든 현실과 상황을 작두날 위에 서 있는 무당처럼 순간도 놓치지 않겠다는 결연한 의지를 보여주고 있다.

"늘 뜬 눈으로 있다. / 그 날카로움으로 있다."의 언술을 통해서 왜 식칼을 허약한 시인의 턱 밑에 두어야 하는지 말하고 있다. 녹슨 칼이 아무리 많아도 소용이 없다. 자를 수 없는 것까지 자르며 날카로움으로 서 있는 화자의 칼이 읽힌다.

최 하 림

(崔夏林, 1939.03.07~2010.04.22)

최하림(崔夏林) 시인은 1933년 3월 7일 전라남도 목포에서 2남 1녀 중 장남으로 태어났다. 본명은 최호남이다. 출생지는 목포이지만 어린 시절은 대부분 아버지의 고향인 산청군 신안면 안좌도에서 보냈다. 이때 보낸 바다 이미지는 일생 시인에게 지속하는 정서의 기원이라고 할 수 있다.

1961년 23세 때 목포 오거리 3층 다방에서 우연히 만난 김현과 급격히 친해졌는데 이후 서울과 목포를 오가며 문학적 우정을 나누었다. 이때의 만남을 최하림은 '정신적인 충격'이었다고 회고하였다. 1962년 『조선일보』 신춘문예에 시 「회색수기」 가작으로 입선되었다. 동인지 『산문시대』를 김현·최하림·김승옥과 함께 창간하였다. 뒤에 김치수·염무웅 등이 가세해 5집까지 동인지를 발간했다. 문학청년 시절에는 상징주의와 이미지즘에 경도되었던 것으로 보인다. 유달산 기슭에 앉아 발레리의 시집 『해변의 묘지』를 읽으면서 시인을 꿈꾸었다. 1964년 『조선일보』 신춘문예에 「빈약한 올훼의 초상」이 당선되어 문단 활동을 시작하였다. 그러나 이후 1970년대까지 여러 직장을 옮겨 다니며 생계를 꾸려나가느라 문학에 전념할 수가 없었다. 이 시기에는 주로 역사책과 미술책을 읽는데 골몰하였다고 한다.

이후 다수의 미술 평론이나 미술 산문집을 썼다. 1984년부터 3년간 서울여자대학교 문예창작과에서 시창작을 강의하였다. 1988년부터 전남일보 편집국으로 직장을 옮긴 뒤 광주에서 생활하였는데, 이때 광주에 대한 역사의식과 속죄의식이 싹트기 시작하였다. 『산문시대』·『목요시』 동인으로 활동하였다. 그는 1960년대 이래 우리 사회를 조여 왔던 권위적 체제에서 격렬한 어조로 자유를 향한 의지를 노래한 시인이다.

시집으로 『우리들을 위하여』(1976), 『작은 마을에서』(1982), 『겨울꽃』(1985), 『겨울 깊은 물소리』(1987), 『침묵의 빛』(1988), 『속이 보이는 심연으로』(1991), 『굴참나무 숲에서 아이들이 온다』(1998), 『겨울 깊은 물소리』(1999), 『풍경 뒤의 풍경』(2001) 등이 있다.

그의 초기 시편에서는 1970~1980년대로 시대의 어두운 역사적 현실을 '우리'라는 인칭대명사를 사용하여 공동체적 어조의 현실적 아픔을 노래함으로써 참여와 순수의 균형을 이루고자 하였다. 시집 제목도 이를 시사하는 뜻이 담긴 『우리들을 위하여』이다. 중기의 시편에서는 역사적 현실에 참여하지 못하고 서성거리는 죄의식을 시적 언어에 대한 탐구를 통해 자기성찰의 면모를 보였다. 최하림은 『겨울꽃』(풀빛, 1985)에서 "역사가 개인에게 의식화되어가는 과정은 바로 그렇게 역사를 사는 개인의 고통을 통해서이고 그 의식은 성서의 밀알처럼 끊임없이 자기부정을 거쳐 변증법적 삶을 얻게 된다."고 하였다. 후기의 시편들은 인칭대명사 '나'를 사용하여 자연의 이미지를 통해 나의 내면세계를 이야기하면서 고요한 성찰의 모습을 보여주었다.

굴참나무는 공중으로 솟아오른다

해만 뜨면 솟아오르는 일을 한다
늘 새롭게 솟아오르므로 우리는
굴참나무가 새로운 줄 모른다
굴참나무는 아침 일찍 눈을 뜨고
일어나자마자 대문을 열고 안 보이는
나라로 간다 네거리 지나고 시장통과
철길을 건너 천관산 입구에 이르면
굴참나무의 마음은 벌써 달떠올라
해의 심장을 쫓는 예감에 싸인다

그때쯤이면 아이들도 산란한 꿈에서
깨어나 자전거의 페달을 밟고 검은 숲 위로
오른다 볼이 붉은 막내까지도 큼큼큼
기침을 하며 이파리들이 쏟아지듯 빛을
토하는 잡목 숲 옆구리를 빠져나가
공중으로 오른다 나무들이 일제히
손을 벌리고 아이들이 일제히
손을 벌리고 아이들은 용케도 피해 간다
아이들의 길과 영토는 하늘에 있다
그곳에서는 새들과 무리지어 비행할
수가 있다 그들은 종다리처럼 혹은
꽁지 붉은 비둘기처럼 이 가지에서
저 가지로 포르릉 포르릉 날며 흘러
내리는 햇빛을 굴참나무처럼 느낄 수 있다

—「아침 詩」, 『굴참나무 숲에서 아이들이 온다』(문학과지성사, 1998)

1연의 시적 대상이 굴참나무이다. 최하림의 시에서 빛은 의식이며 열정이다. 최하림의 「아침 詩」에서는 '해'를 중심으로 하는 '빛'의 속성이 지닌 상승 이미지를 엿볼 수 있다. 이러한 상승적 이미지는 "솟아오른다", "달 떠올라", "숲 위로 오른다" 등에서도 나타난다. "해의 심장"을 쫓는 "굴참나무"가 어둠 속에서 "해"가 "솟아오르는" 순간 "늘 새롭게" 솟아오르는 것을 바라보고 있다. 이것은 희망의 시간이며, 아침 햇살을 받으며 위로 자라나는 굴참나무의 모습을 나타낸 것이다. 그러나 화자는 자연의 경이로움을 깨닫지 못하고 타성에 젖어서 살고 있다. "해의 심장을 쫓는 예감에 싸인다."는 굴참나무가 해를 향해 가지를 뻗어가는 모습을 상상력으로 형상화한 것으로 생명력의 극치이며 굴참나무의 활기찬 생명력을 나타낸다. 이처럼 화자는 "새롭게 솟아 오르듯이" 일어나자마자 대문을 열고 안 보이는 "네거리"를 지나고 "시장통과 / 철길을 건너 천관산 입구에" 다다르는 것은 이러한 아침 산길을 통해 "굴참나무"가 지닌 새로움의 생명력을 닮고자 하는 것이다.

2연에서는 시적 대상이 아이들로 이동된다. 아이들은 굴참나무에 대응된다. 2연에서는 아침에 잠에서 깨어난 아이들이 자전거를 타고 굴참나무 숲을 달리면서 손을 들고 나무에 부딪치지 않고 요리조리 잘 피해 다니는 모습의 질주하는 구체적 행동이 표현되어 있고 이러한 아침 풍경은 상승적 이미지와 연결되어 있다. 아이들과 나무들은 생기와 활력을 지닌 상승의 이미지인 것이다. 화자는 아이들을 종다리와 비둘기에 비유하였으며 자유와 활력의 이미지로 "포르릉 포르릉"의 음성상징어를 사용하여 생동감을 조성하고 있다. 또한 "솟아오른다", "모른다", "싸인다", "피해간다" 등의 현재시제 사용으로 현장감을 부여하고 있다.

이처럼 화자는 관조적인 태도로 굴참나무와 아이들의 활기찬 생명력과 자유로움을 표현하면서 병고로 시달리는 자신이 그들처럼 활기 넘치는 모습으로 되고 싶다는 은근한 소망이 깃들어 있다.

햇빛 속으로 작은 그림자를 끌고
한 나무가 들어가고 다른 나무는
벼랑으로 가지들을 힘겹게 벌리고 있다
밀대모자를 쓴 스님 셋
바랑을 메고 앞서거니 뒷서거니
간다 발에 채이는 돌멩이도 돌아보지
않는다 바람이 이는지 길바닥에는
무련의 날들이 쓸려가고 강 건너
이층집 유리창들이 번쩍번쩍
빛나고 우리가 읽은 상수리에서는
어느새 잎들이 뚝뚝 떨어진다
검붉은 가랑잎들이 이제는 기억을
지우며 물 위로 흘러간다

—「물 그림자 위로」, 『풍경 뒤의 풍경』(문학과지성사, 2001)

이 시는 최하림 시인의 후기 시로 시적 대상을 시간의 흐름에 따라 들여다보고 있다.

"햇빛 속으로 작은 그림자를 끌고 / 한 나무가 들어가고 다른 나무는 / 벼랑으로 가지들을 힘겹게 벌리고 있다". 화자는 시간의 흐름을 따라 움직이는 나무를 지켜보고 있다. 화자가 지켜보는 나무는 그림자를 끌고 가고 가지를 벌리는 나무다. 시간은 모든 것을 움직인다.

대상을 바라보는 화자의 시선도 낡아 간다. 풍경의 변화는 곧 새로운 풍경을 만들어내는 것을 의미한다. "바람이 이는지 길바닥에는 / 무련의 날들이 쓸려가고 강 건너 / 이층집 유리창들이 번쩍번쩍 / 빛나고" 너머를 바라보는 시인의 눈은 사물을 사물 그대로 바라보는 것으로 화자는 자신의 존재 자체를 깨닫게 된다. "우리가 읽은 상수리에서는 / 어느새 잎들이 뚝뚝 떨어진다 / 검붉은 가랑잎들이 이제는 기억을 / 지우며 물 위로 흘러간다". 시간이 끌고 가는 대상을 지켜보면서 화자는 대상이 이야기하는 것이 무엇인지를 읽으려고 한다. 하지만 읽으려고 하는 그 대상은 화자의 시선에서 벗어나 있다. 화자의 기억을 지워버렸기 때문이다. 사물의 변화가 곧 사물을 바라보는 화자의 변화가 되는 상황이 물그림자 위에서 펼쳐진다.

1970~1980년대 남도의 시문학사

1960년대의 순수와 참여의 대립이 1970년대에 들어 전통적 감수성과 민중적 감수성으로 드러났고 도시적 감수성이 첨가되었다. 독재정치 체제의 억압으로 인한 민주화의 과제와 급격한 산업화로 인해 발생한 농촌 공동체의 붕괴, 도시 빈민 문제, 노동현장의 갈등문제, 7·4남북공동성명으로 새로운 국면을 맞이한 남북 분단의 문제가 문학의 주요 대상이 된 시기였다. 광주·전남에서는 정치적으로 소외되고 경제적으로 낙후된 현실이 시문학사에도 다른 지역에 비해 더욱 두드러지게 나타났다. 한편에서는 남도의 서정적 감수성을 아름답게 표상하는 시인들이 출현했으며 당대 정치적인 문제를 민중적 감수성으로 토해내던 시인들도 있었다.

1973년에는 1961년 창립되어 활동하던 '전남 문인협회'가 『전남문단』을 창간하여 장르별로 문학적 성과를 거두게 되었다. 이후 1987년부터는 행정구역 개편으로 광주광역시가 분리되면서 『전남문학』

으로 개칭하고 '광주문협'에서는 새로이 『광주문학』을 창간하였다. 1960년대에 이어 새로운 동인지가 창간되었는데 강진의 『모란촌』(1974), 목포의 『청호문학』(1976), 광주의 『목요시』(1979) 등이 있다. 이 시기에 조선대학교에서는 '나락동인회', '석혈동인회', 전남대학교에서는 '용봉문학회'의 문학동인회를 결성하여 이 지역의 대학생들이 문학을 향한 열정을 보여 주었다.

1980년대는 5·18광주민주화운동을 겪으면서 광주·전남의 시문학사뿐만 아니라 한국시 문학사가 전체적으로 많은 변화를 겪었다. 격변기 시대를 반영하고 모순된 사회를 극복하려는 운동이 문학적으로 모색되고 진행되었다. 역사의 주체성을 지켜나가려고 하였으며 사회를 반영한 시들이 시대의 중심이 되었다. 노동시가 등장하고 펴졌으며 정치 상황의 악화와 산업화의 진행에 따른 비인간적인 시대 상황을 보다 적극적으로 담아내었다. 또한, 서구 포스트모더니즘의 영향을 받아 기존의 시 형식을 파괴하면서 시대상황을 담아내는 해체시가 등장하였다. 농민시와 서정시가 계승되었으며 서구의 페미니즘 이론이 활발하게 소개되면서 여성의 주체성을 띠는 여성시가 확대되었다. 광주·전남에서는 1981년 7월 '오월시' 동인들이 5·18광주민주화운동의 체험을 『오월시』 동인지에 시화하였다. 1985년 5월까지 총 5권이 출판되었는데 처음에는 김진경·박상태(박몽구)·나종영·이영진·박주관·곽재구가 시 작품을 주로 발표하였으며, 이후에는 윤재철·최두석·나해철·고광헌이 합류하여 시와 평론 등을 발표하였다. 1981년 '목요시' 동인들은 시가 역사와 희망과 구원이 될 수 있는가를 탐색하였다. 1983년 최하림·강인한·고정희·국효문·김종·김준태·송수권·허형만 8명의 시인의 대표작인 시를 묶어 『목요시 선집』을 간행하였다.

1987년에는 여류문학 동인지 『시누대』가 발간되어 여성작가들의 활동이 본격화되었다. 1980년대 후반에 들어 정부의 행정구역 재편으로 인하여 1986년 11월 1일자로 전남에서 광주직할시가 분리되었다. 그로 인하여 '전남문협'이 '광주문협'과 '전남문협'으로 나누어지게 되었다. 연간집 『전남문단』이 14집으로 끝나게 되었다. 뒤를 이어 『전남문학』과 『광주문학』으로 이름을 바꾸어 발간하게 되었고, 『전남문학』이 『전남문단』 14집을 이어 받아 15집부터 새롭게 이 지방문학 활동의 견인차 역할을 담당하게 되었다.

이 성 부
(李盛夫, 1942.01.22~2012.02.28)

이성부(李盛夫) 시인은 1942년 전라남도 광주에서 태어났다. 호는 니정(泥丁)이다. 광주고등학교를 졸업하고 경희대학교 국어국문학과에 문예 장학생으로 입학해 1963년 졸업했다. 1959년 광주고등학교 재학 시 『전남일보』 신춘문예에 시 「바람」이 당선되었고, 『태광』 『순문학』의 동인으로 활동하며 시인 김현승에게 사사(師事)하였다.

1961년 『현대문학』에 시 「소모의 밤」·「백주」로 2회 추천받아 1962년 「열차」로 추천 완료되어 등단했다. 이후 김현·최하림·이탄 등과 함께 『영도』와 『시학』의 동인으로 활동했다. 1967년 시 「우리들의 양식」이 『동아일보』 신춘문예에 당선되었다. 계간지 『창작과비평』과 『68문항』의 동인으로 참여하였다. 대표적인 연작시 「전라도」를 발표하면서 당대의 암울한 사회적 분위기를 반영하는 현실 참여적인 시 세계를 확립해 나갔다.

시집 『이성부시집』(1969), 『우리들의 양식』(1974), 『백제행』(1977), 『전야』(1981), 『빈산 뒤에 두고』(1989), 『야간산행』(1996), 『지리산』(2001) 등이 있으며, 시선집 『깨끗한 나라』(1991), 『저 바위도 입을 열어』(1998), 『우리 앞이 모두 길이다』(1999), 『너를 보내고』(2001) 등이 있다.

고통스러운 농촌의 현실을 정직하게 노래하면서 현실 참여적인 주제를 다루면서도, 민중에 대한 애정을 바탕으로 공통체적 삶의 정결성과 도덕성에 관심을 기울이고 전통적 서정성과 시적 상상력이 뛰어난 작품을 발표하는 등 시의 유연함을 견지하는 특징을 지닌다고 할 수 있다.

> 벼는 서로 어우러져
> 기대고 산다.
> 햇살 따가워질수록
> 깊이 익어 스스로를 아끼고
> 이웃들에게 저를 맡긴다.
>
> 서로가 서로의 몸을 묶어
> 더 튼튼해진 백성들을 보아라.
> 죄도 없이 죄지어서 더욱 불타는
> 마음들을 보아라. 벼가 춤출 때,
> 벼는 소리없이 떠나간다.
>
> 벼는 가을하늘에도
> 서러운 눈 씻어 맑게 다스릴 줄 알고
> 바람 한 점에도
> 제 몸의 노여움을 덮는다.
> 저의 가슴도 더운 줄을 안다.
>
> 벼가 떠나가며 바치는

이 넓디넓은 사랑,
쓰러지고 쓰러지고 다시 일어서서 드리는
이 피묻은 그리움,
이 넉넉한 힘…….

—「벼」, 『우리들의 양식』(민음사, 1974)

이 시는 일상의 사물 속에서 깊은 철학적 사유를 피워 올리고 있는 것이 쉬운 듯하면서 어려운 사실주의적 서정시이다. 화자는 '벼'를 통해서 민중과 이웃에 대한 사랑, 민중의 삶, 민중의 속성, 공동체적 삶에 대한 윤리, 자기희생, 끈질긴 생명력 등을 드러낸다. 그것이 홀로 존재할 때는 약하고 보잘것없지만, 서로 힘을 합하면 역사의 주체로서 민중의 저력을 발휘하게 된다. 이렇듯 시인은 벼에 대한 세심한 관찰을 통해 '민중의 얼굴', '우리 민족의 얼굴'을 그리고 있다.

1연은 민중들의 공동체적 유대와 신뢰를 나타내는 벼의 외양이다. 벼는 이웃들과 '어우러져' 살 뿐만 아니라 '기대고' 산다. "햇살 따가워질수록"은 독재 권력의 횡포나 경제적 어려움 등으로 인한 아픔을 말한다. 그럴수록 겸손한 자세로 고개를 숙이며 자신을 드러내지 않고 자중할 줄 알고 이웃들에게 자신을 맡기며 온갖 고난을 이겨낸다.

2연에서는 민중들의 저력과 겸손함을 벼의 외면을 통해서 드러낸다. 벼들은 서로 의지하며 힘을 합쳐 더욱 큰 힘을 발휘한다. 죄가 없으면서도 죄인처럼 숨죽이며 살아온 백성들. 그러나 그들의 내면에는 강렬한 불을 간직하고 있다. 언제든 타오를 가능성이 있지만, 그들은 떠나가야 할 때 소리 없이 떠날 줄도 안다. '자기희생'의 지혜도 갖고 있다.

3연에서는 민중들의 참고 견디는 힘과 어질고 현명한 마음을 벼의 내면을 통해서 드러낸다. 겸손한 내면적 성찰로 속을 채우며 맑은 가을 하늘을 바라보면서 서러움을 달래어 마음을 맑게 다스릴 줄 아는 '넉넉함'을 갖고 있고, 한 줄기 바람에도 자신의 노여움을 삭힐 줄 안다. 그러나 그들은 자기들 가슴에 뜨거운 피가 솟구치고 있음도 안다.

4연에서는 민중들의 고귀한 희생과 사랑에 대한 예찬이다. 벼는 베어짐으로써, 그 희생을 통해 더 큰 사랑을 베푼다. 벼가 베어져서 쓰러지고, 쓰러져도 나중에 다시 일어서서 드리는 고귀한 그리움, "이 피 묻은 그리움"은 민중들이 꿈꾸는 자유와 평등의 세계일 것이다. "이 넉넉한 힘"은 희생을 통해 사랑을 이룩한 민중의 저력을 말할 것이다. 겉으로는 약한 것 같으나 결국은 승리하는 민중들의 모습이 시 속에서 나타나고 있다.

이제 비로소 길이다
가야 할 곳이 어디쯤인지
벅찬 가슴들 열어 당도해야 할 먼 그곳이
어디쯤인지 잘 보이는 길이다
이제 비로소 시작이다
가로막은 벼랑과 비바람에서도
물러설 수 없었던 우리
가도 가도 끝없는 가시덤불 헤치며
찢겨지고 피 흘렸던 우리
이리저리 헤매다가 떠돌다가
우리 힘으로 다시 찾은 우리

이제 비로소 길이다
가는 길 힘겨워 우리 허파 헉헉거려도
가쁜 숨 몰아쉬며 잠시 쳐다보는 우리 하늘
서럽도록 푸른 자유
마음이 먼저 날아가서 산 너머 축지법!
이제 비로소 시작이다
이제부터가 큰 사랑 만나러 가는 길이다
더 어려워 바위 벼랑과 비바람 맞을지라도
더 안 보이는 안개에 묻힐지라도
우리가 어찌 우리를 그만둘 수 있겠는가
우리 앞이 모두 길인 것을……

—「우리 앞이 모두 길이다」, 『야간산행』(창작과비평사, 1996)

이 시는 가야 할 길을 찾은 사람의 목소리가 살아있는 시다. "벅찬 가슴들 열어 당도해야 할 먼 그곳이" 눈에 보이는 곳을 "길"이라고 시인은 노래하고 있다. 화자가 만나지 못했던 것은 길이 없어서가 아니라 가야 할 곳이 보이지 않는 길을 가고 있었기 때문이다. "이제 비로소 시작이다"라고 외칠 수 있는 것도 가야 할 곳이 어디인지를 알았기 때문이다. 그것은 그 이름을 잘 못 불러도 봄이 올 수밖에 없다고 노래했던 이성부 시인은 1980년 5월 이후의 좌절과 절망으로 인해 절필할 수밖에 없었던 시절을 경험했다고 한다. 이런 시인 앞에 가야 할 길이 보인다는 것은 "이리저리 헤매다가 떠돌다가" 가야 할 길을 다시 찾은 것은 우리 모두의 힘 때문이었다는 것을 인지한다. "큰 사랑 만나러 가는 길"을 꿈꾸며 가야 할 길을 걸어가겠다는 화자에게 눈앞의 모든 길이 다 자신의 길이 될 것이라는 확신이 깃들어 있다. 그 길은 "마음이 먼저 날아가서 산 너머 축지법!"으로 알아보는 길이기도 하다.

"우리 앞이 모두 길"이기에 어떤 역경과 고난의 상황이 우리 앞에 놓일지라도 우리는 그것을 뚫고 지나갈 수 있다는 것을 이시는 보여주고 있다.

오 세 영
(吳世榮, 1942.05.02~)

오세영(吳世榮) 시인은 1942년 5월 2일 전라남도 영광에서 태어났다. 전주 신흥고등학교를 졸업하고, 서울대학교 문리과대학 국어국문학과를 졸업했다. 같은 대학 대학원 국어국문학과에 진학해 석사학위(1971) 및 문학박사학위(1980)를 취득했다. 1968년 박목월에 의해 시 「잠깨는 추상」이 『현대문학』에 추천되어 시인으로 등단했다.

저서에 시집 『반란하는 빛』, 『가장 어두운 날 저녁에』, 『모순의 흙』(1985), 『무명연시』, 『불타는 물』(1988), 『사랑의 저쪽』(1990), 『신의 하늘에도 어둠은 있다』(1991), 『꽃은 별을 우러르며 산다』(1992), 『어리석은 헤겔』(1994), 『벼랑의 꿈』(1999), 『적멸의 불빛』(2001) 등이 있다. 이 밖에 평론집 『한국낭만주의 시 연구』(1981), 『20세기 한국시 연구』(1987), 『한국현대 시의 해방』(1988), 『상상력과 논리』(1991), 『문학연구방법론』(1993) 등이 있고, 산문집 『꽃잎 우표』(2000)와 시론집 『시의 길 시인의 길』(2002)이 있다.

충남대학교(1974~1981)와 단국대학교(1981~1985)에서 국문학을 강의했다. 1985년부터 서울대학교에서 현대문학(현대시)을 강의했으며, 캘리포니아 주립대학 버클리캠퍼스(1995~1996)에서 한국 현대문학을 강의했으며 1998년 계간지 『시와 시학』의 주간을 맡았다.

인간 존재의 실존적 고뇌를 서정적·철학적으로 노래하는 중견 시인이자 교육자이다. 형이상학적이면서도 삶의 체취가 느껴지는 개성적인 작품세계를 구축하고 있다는 평을 받는다.

한국의 전통적 시 세계를 추구하며 동양적 중용의 의미인 절제와 균형을 형상화함으로써, 형이상학적이면서도 삶의 체취가 느껴지는 작품세계를 구축하고 있다. 존재론적 인식을 통하여 역사의식을 표현하고 있으며, 모더니즘의 언어의식을 전통사상에 접맥시키는 데 주력하며, 언어를 극도로 정련, 함축시키는 지적 구사와 서정의 접맥을 시도하고 있다.

깨진 그릇은
칼날이 된다.
절제(節制)와 균형(均衡)의 중심에서
빗나간 힘,
부서진 원은 모를 세우고
이성(理性)의 차가운
눈을 뜨게 한다.
맹목(盲目)의 사랑을 노리는
사금파리여,
지금 나는 맨발이다.
베어지기를 기다리는
살이다.
상처 깊숙이서 성숙하는 혼(魂)
깨진 그릇은
칼날이 된다.

무엇이나 깨진 것은

칼이 된다.

—「그릇 1」, 『모순의 흙』(고려원, 1985)

이 시는 조화와 절제를 강조하는 중용의 도를 담고 있는 시이다. 1연에서 안정된 세계였던 그릇은 깨지면서 비뚤어진 본질 칼날이 된다. "깨진 그릇"은 절제와 균형이 무너진 비합리적 세계로 그릇을 인간이 추구하는 가치관이나 사상으로 보고 있다. 여기서 "깨진 그릇"은 보는 관점에 따라서 시 전체의 해석이 달라진다. 긍정적인 관점에서는 성숙을 위해 상처를 기다리는 존재의 기다림을 형상화한 것으로 볼 수 있고, 부정적인 관점에서는 절제와 균형 잡힌 세계에서 맹목을 강요하는 빗나간 힘을 경계하는 존재의 심리 상태를 형상화한 것으로도 볼 수 있다. 칼날은 비뚤어진 본질, 편향적 사고로 맹목을 강요하는 위협적인 존재가 된다.

2연에서 균형과 절제를 잃은 깨진 그릇은 모를 세운 차가운 이성과 연결된다. 상처에 의해 비로소 냉철한 이성의 눈을 뜨게 되고 그로 인해 영혼이 성숙할 수 있다는 논리로 연결해 이해할 수도 있다

3연에서 깨진 그릇은 맹목의 사랑을 노리는 사금파리가 되어 획일적인 사고를 강요하지만, 육신은 맨발로 베어지기를 기다리는 수동적 삶이다. 상처를 통해 성숙한다. 인간을 영혼의 성숙을 위해 맨발인 채로 깨어짐을 욕망하는 존재라는 것이다. "맨발"의 상황은 인간을 둘러싸고 있는 상황이 그만큼 절박하다는 것을 의미하기도 한다.

4연에서는 "깨진 그릇"에서 "무엇이나 깨진 것"으로 의미를 일반화하여 확장하여 맹목을 강요하는 위협적인 존재나 힘을 확장하였다. 그릇만이 아니라 조화롭고 안정된 모든 것은 절제와 균형을 잃을

때, 비뚤어진 본질을 표출하는 획일적인 사고, 경직된 이념이 될 수 있음을 말한다.

무언가 잃어 간다는 것은
하나씩 성숙해 간다는 것이다.
지금은 더 이상 잃을 것이 없는 때,
돌아보면 문득
나 홀로 남아 있다.
그리움에 목마르던 봄날 저녁
분분히 지던 꽃잎은 얼마나 슬펐던가.
욕정으로 타오르던 여름 한낮
화상 입은 잎새들은 또 얼마나 아팠던가
그러나 지금은 더 이상 잃을 것이 없는 때,
이 지상에는
외로운 목숨 하나 걸려 있을 뿐이다.
낙과(落果)여,
네 마지막의 투신을 슬퍼하지 말라.
마지막의 이별이란 이미 이별이 아닌 것
빛과 향이 어울린 또 한번의 만남인 것을,
우리는
하나의 아름다운 이별을 갖기 위해서
오늘도
잃어 가는 연습을 해야 한다.

—「10월」, 『꽃들은 별을 우러르며 산다』(시와시학사, 1992)

이 시는 10월에 떨어지는 낙과의 슬픔을 노래하고 있다. 화자는 꽃 진 자리에 씨가 맺히는 것을 알고 있다. 상실을 통해서 생명이 존재의 목적을 달성하는 과정을 보여준다. 이 시의 첫 구절에서 화자는 "무언가 잃어 간다는 것"이 생명에게는 성숙을 위한 조건임을 이야기한다. "더 이상 잃을 것이 없는 때"가 오면 존재는 고독해진다. 잃어가는 순간은 참을 수 없을 만큼 고통스러웠고 자기의 욕망으로 "화상을 입은 잎새들"의 고통은 화자에게 흉터 같은 기억으로 남아 있다. 그 과정이 다 지난 뒤에 10월이 왔음을 화자는 말하고 있다. 한 알의 열매를 맺기 위해서 얼마나 많은 것들이 함께 있어야 하는지를 시인은 노래하고 있다. 그러나 그 열매조차도 투신의 시간을 갖는다. 10월은 모든 것을 다 채우는 시간이며 모든 것을 다 버리는 시간이다. "돌아보면 문득 나 홀로 남았다"라는 구절 속에서 시인이 맞는 10월의 깊이를 들여다 볼 수 있다. 그러기 위해 시인은 "잃어가는 연습을 통해서 아름다운 이별을 갖게 된다. 그것이야말로 후대를 향한 존재의 증명 같은 것이 된다.

김 지 하

(金芝河, 1941.02.04~)

김지하(金芝河) 시인은 1941년 2월 4일 전라남도 목포시에서 출생했다. 본명은 김영일(金英一)이다. 목포산정초등학교를 졸업하고 아버지를 따라 원주로 이주하여 원주중학교를 마쳤다. 서울 중동고등학교를 나와서 서울대학교 미학과를 졸업하였다. 서울대학교 미학과에 입학하고 3학년 재학 중 4·19혁명에 참가한 뒤, 민족통일 전국학생연맹 남쪽 학생 대표 3인으로 활동하면서 학생운동에 앞장섰다. 5·16군사정변 이후에는 수배를 피해 목포에서 항만의 인부나 광부 등으로 일하며 도피 생활을 했다. 이때 김현과 최하림을 만났다. 1964년 6월 〈서울대학교 6.3한일굴욕회담반대 학생총연합회〉 소속으로 활동하다 체포되어 4개월의 수감 끝에 풀려났으며, 1966년 8월, 7년 6개월 만에 대학교를 졸업하였다.

1963년 3월 『목포문학』에 「저녁 이야기」로 등단하였고, 1969년 11월 시 전문지 『시인』에 「황톳길」 등 5편의 시를 발표하면서 본격적으로 저항 시인의 길로 들어섰다. 이듬해 『사상계』 5월호에 권력 상층부의 부정과 부패상을 담아낸 담시 「오적」을 발표하였다. 이 「오적」으로 인해 『사상계』와 『민주전선』의 발행인·편집인이 연행되었고, 『사상계』는 정간되었다.

1970년 12월 첫 시집 『황토』를 발간하였다. 1971년 이후에는 천주교 원주교구를 중심으로 계속 저항시 발표 및 저항운동에 전념하면서 연행과 석방, 도피 생활을 거듭하였으며 사형선고를 받았다가 무기징역으로 감형되는 등 1970년대 내내 민족 문학의 상징이자 유신 독재에 대한 저항운동의 중심으로 형극의 길을 걸었다. 1974년 7월 13일 비상 보통군법회의로부터 긴급조치 제4호 및 국가보안법 위반, 그리고 내란 선동죄 등으로 사형선고를 받았다. 1975년 일본·미국 등의 작가와 지식인들에 의해 1975년 노벨문학상과 평화상 후보로 추천받았다.

시집으로 『황토』·『타는 목마름으로』·『남(南)』·『이 가문 날에 비구름』·『별밭을 우러르며』·『중심의 괴로움』 등이 있으며, 산문집으로 『생명』·『율려란 무엇인가』·『예감에 찬 숲 그늘』·『옛 가야에서 띄우는 겨울편지』 등이 있다.

그의 담시인 「오적」, 「비어」 등은 판소리 가락을 도입하고 난해한 한문을 차용해서 권력층의 비리와 부정부패를 통렬하게 풍자하고 있다. 1980년 석방 후 김지하의 시 시계는 이전에 그의 시에서 보여준 저항의식과 변혁 이념과는 매우 다른 시를 선보였다. 그것은 생명에 대한 담론을 적극적으로 시를 통해서 이야기했다. 김지하에게 있어서 생명은 모든 존재에 내재하는 자체로써의 생명이었다. 작품을 통해서 생명 사상을 표출하였고 이러한 행동은 당시의 많은 지식인의 반향을 일으켰다.

황톳길에 선연한
핏자욱 핏자욱 따라
나는 간다 애비야

네가 죽었고
지금은 검고 해만 타는 곳
두 손엔 철삿줄
뜨거운 해가
땀과 눈물과 모밀밭을 태우는
총부리 칼날 아래 더위 속으로
나는 간다 애비야
네가 죽은 곳
부줏머리 갯가에 숭어가 뛸 때
가마니 속에서 네가 죽은 곳

밤마다 오포산에 불이 오를 때
울타리 탱자도 서슬 푸른 속니파리
뻗시디 뻗신 성장처럼 억세인
황토에 대낮 빛나던 그날
그날의 만세라도 부르랴
노래라도 부르랴

대삶에 대가 성긴 동그만 화당골
우물마다 십 년마다 피가 솟아도
아아 척박한 식민지에 태어나
총칼 아래 쓰러져간 나의 애비야
어이 죽순에 괴는 물방울
수정처럼 맑은 오월을 모르리 모르리마는

작은 꼬막마저 아사하는

길고 잔인한 여름

하늘도 없는 폭정의 뜨거운 여름이었다

끝끝내

조국의 모든 세월은 황톳길은

우리들의 희망은

낡은 짝배들 햇볕에 바스라진

뻘길을 지나면 다시 모밀밭

희디흰 고랑 너머

청천 드높은 하늘에 갈리든

아아 그날의 만세는 십 년을 지나

철삿줄 파고드는 살결에 숨결 속에

너의 목소리를 느끼며 흐느끼며

나는 간다 애비야

네가 죽은 곳

부줏머리 갯가에 숭어가 뛸 때

가마니 속에서 네가 죽은 곳.

—「황톳길」, 『황토』(풀빛, 1970)

이 시는 초기 김지하 시를 대표하고 있다. 1960년대와 1970년대의 한국 사회에 만연해 있는 고통스러운 노동과 죽음의 그림자가 배어 있다. 현대사의 질곡이 생생하게 드러나는 시 「황톳길」에는 가슴 밑에 쌓인 분노와 한이 점점이 뿌려져 있다. 김지하는 이 작품을 통해서 한국사회의 출구 없는 죽음에 대해 피 토하는 성토를 하고 있다. “간다”는 문장을 반복하면서 시가 리듬감 있게 읽힌다.

황톳길은 붉은 핏빛을 띠고 있고 남도에서는 흔하게 만나는 흙길이다. 식민지 시대를 거쳐서 현대사의 독재 권력의 압제(壓制)와 식민자본의 수탈에 극심한 피해를 당하면서도 목숨을 잃지 않고 살아온 민중들의 삶을 상징한다.

황톳길을 맨발로 걸어간 사람들의 희생이 곳곳에서 나타난다. 조국은 해방이 되었지만 여전히 대를 이어 총칼에 수난을 당하는 사람들의 모습이 “두 손엔 철삿줄”이 묶인 채 아비가 간 길을 아들이 따라가는 모습으로 나타난다.

동학이 그러했고 4·19가 그러했듯 역사의 물줄기를 바꾸었던 민중들의 힘을 그 함성을 시인은 기억하고 있다. “황토에 대낮 빛나던” 시간을 꿈꾸며 시인은 황톳길을 걸어간다. 지금은 절망이 하늘 끝까지 올라간 시간이다. “우물마다 십 년마다 피가 솟아도” 시인은 포기하지 않는다. “작은 꼬막마저 아사하는 길고 잔인한 여름”이 짓밟고 간 황톳길 위에서 시인은 결국 이 길의 주인이 민중임을 자각한다. 죽은 아비가 간 검붉은 황톳길을 화자도 “나는 간다 아비야” 흐느끼며 간다. 그것이 유일한 희망이고 대안이기 때문이다. 이런 상황에서 저항에 손을 놓지 않았던 시인의 시에서는 후일 생명 사상으로 진행될 씨앗이 뿌려졌다고 본다.

네 얼굴이
애린
네 목소리가 생각 안 난다
어디 있느냐 지금 어디
기인 그림자 끌며 노을진 낯선 도시

거리 거리 찾아 헤맨다
어디 있느냐 지금 어디
캄캄한 지하실 시멘트벽에 피로 그린
네 미소가
애린
네 속삭임 소리가 기억 안 난다
지쳐 엎드린 포장마차 좌판 위에
타오르는 카바이트 불꽃 홀로
가녀리게 애잔하게
가투 나선 젊은이들 노래소리에 흔들린다.

—「서시: 소를 찾아 나서다」, 『애린』(실천문학사, 1986)

이 시는 김지하의 「애린」 연작 중에 서시로 쓰였다. 화자가 얼굴도 목소리도 기억나지 않는 상태에서 "기인 그림자 끌며 노을진 낯선 도시"에서 "애린"을 찾고 있는 모습이 보인다. 엄마를 잃은 아이처럼 절박하게 "애린"을 찾고 있다. "애린"을 찾을 수 있는 실마리는 오직 "캄캄한 지하실 시멘트벽에 피로 그린의 미소"밖에 없다. "깜깜한 지하실"이 주는 공간은 죽음의 공간이면서 가장 생명을 구하는 장소이기도 하다. 여기에서 누군가를 찾았다는 것은 화자에게서 죽음을 넘어설 수 있는 그 무엇이 "애린"에게 있기 때문이며, 생명을 찾을 수 있는 존재라는 것을 알 수 있다. "애린"을 찾는 것은 자기모순을 극복하는 노력으로 읽힌다. "깜깜한 지하실"에 갇히면서 화자는 그곳에는 없는 그 무엇을 찾고자 한다. 그곳은 "캄캄한 지하실"이라는 공간이 '감옥'이라 추측할 수 있다. "애린"에 대한 기억은 여기에 남아 있는 것이다. 하지만 이 죽음의 공간에서는 "애린"이 부재한다.

화자는 낯선 도시에서 방황하며 "포장마차 좌판 위에" 지쳐 엎드려 "카바이트 불꽃"을 바라보면서 "애린"을 찾는다. "가투 나선 젊은 이들 노래 소리에" 불꽃이 "가녀리게 애잔하게 흔들리"는 모습은 "애린"의 모습이고, "애린"의 존재가 화자에게 어떤 의미가 있는지를 암시하고 있다. "애린"의 목소리를 살펴보면 여성적이고 애잔하다. 여성적이라는 것은 모성을 상징하면서 생명존중으로 이어지는 흐름을 갖게 된다. 이는 김지하가 오랜 세월 동안 겪었던 감옥 체험과 맞물려 있다. "감옥 속에 묶인 채 나날을 보내는 자신의 참혹한 현실 인식과 그로부터 해방되고자 하는 갈망은 곧 김지하 시인의 시 세계를 투쟁과 저항의 세계에서 화해와 포용의 세계로 나가게 하였다."[10]고 볼 수 있다.

10) 홍용희, 「김지하 문학 연구」, 경희대학교 박사논문, 1998, 152쪽.

김 준 태

(金準泰, 1948.07.10~)

김준태(金準泰) 시인은 1948년 7월 10일 전라남도 해남군 화산면 석호리에서 태어났다. 조선대학교 독어교육과를 졸업했다. 1969년 『전남일보』·『전남매일』 신춘문예에 당선되고 『시인』에 시 「참깨를 털면서」 등이 추천되어 문단에 등단하였다. 이후 1980년 6월 2일자 『전남매일』에 「아아 광주여 우리나라의 십자가여!」가 발표되면서 문단에서 크게 주목을 받기 시작하였다. 1980년 5월시 필화사건으로 시국 관련 해직교사가 되었다. 1983년 10월 신북중학교에 복직되어서 1988년까지 근무하였다. 전남일보와 광주매일에서 편집부장을 거쳐 편집국장으로 근무했고, 민족문학작가회의 부이사장을 역임하였으며 조선대학교 문예창작학과에서 강의하였다.

시집 『참깨를 털며』(1977), 『나는 하느님을 보았다』(1981), 『국밥과 희망』(1983), 『불이냐 꽃이냐』(1986), 『넋 통일』(1986), 『아아 광주여 영원한 청춘의 도시여』(1988), 『칼과 흙』(1989), 『지평선에 서서』(1999) 등을 발간하였다.

시인은 "삶은 그 자체가 잘생긴 나의 진짜 애인"이라고 여겨 자신의 삶과 시를 분리하지 않고 하나로 보았다. "사실 어느 때를 막론하고 시인이란 순결성이 제일이다."라고 주장하면서 "시 한 편을 위해서 죽을 수 있는 각오만이 진정한 시인의 자세"라고 말하였다.

그의 시 세계는 1980년 광주항쟁 이후 억압적 국가기구에 의해 자행된 폭력에 대한 거부와 민주화를 향한 염원을 드러내는 것으로 변모한다. 그의 시의 특징은 시인의 염원을 관념적으로 제시하는 것이 아니라 구체성을 확보하고 있다는 점에 있다. 즉 그의 시는 일반적으로 일상적인 것에서 출발하여 범사회적인 시야로 확산하는 방식이나 어린 시절의 추억에서 역사의 흐름을 짚어나가는 방식을 통해 탄탄한 역사의식을 보여주고 있다. 미세한 사물들로부터 그 이면에 숨어 있는 구조적인 것까지 캐내는 이러한 폭넓은 상상력은 시적 사고의 비약을 모범적으로 보인다는 점에서 주목된다.

산그늘 내린 밭 귀퉁이에서 할머니와 참깨를 턴다.
보아 하니 할머니는 슬슬 막대기질을 하지만
어두워지기 전에 집으로 돌아가고 싶은 젊은 나는
한 번을 내리치는 데도 힘을 더한다.
세상사에는 흔히 맛보기가 어려운 쾌감이
참깨를 털어내는 일에 희한하게 있는 것 같다.
한 번을 내리쳐도 셀 수 없이
솨아솨아 쏟아지는 무수한 흰 알맹이들
도시에서 십년을 가차이 살아본 나로선
기가 막히게 신나는 일인지라
휘파람을 불어가며 몇 다발이고 연이어 털어댄다.
사람도 아무 곳에나 기분 좋게 한 번만 내리치면
참깨처럼 솨아솨아 쏟아지는 것들이
얼마든지 있을 거라고 생각하며 정신없이 털다가

"아가, 모가지까지 털어져선 안 되느니라"

할머니의 가엾어하는 꾸중을 듣기도 했다.

—「참깨를 털면서」, 『참깨를 털면서』(창작과비평사, 1977)

이 시는 삶의 균형감각을 중요하게 이야기한다. 화자는 할머니와 함께 참깨를 털면서 깨달은 노동의 신선함과 즐거움, 그리고 삶의 지혜를 산문적인 어조로 형상화하였다.

화자와 할머니는 모든 면에서 대립을 이룬다. 할머니는 쉬엄쉬엄 느리게 참깨를 털지만 나는 빨리 일을 마치고 싶어 급하게 참깨를 턴다. 늙은 할머니와 젊은 나, 힘없는 할머니와 힘 있는 내가 대조되면서 과거의 사람과 현재의 사람을 대표하는 나의 모습을 보여준다. 그러면서 모든 면에서 빠름과 충동적인 쾌락을 중요하게 생각하는 나를 반성하는 시각으로 들여다보게 한다. 현대인의 위험한 판단 조건에는 빠름과 충동이 자리하고 있음을 이 시를 통해서 알 수 있다. 시 속에서 조급한 화자는 "한 번을 내리치는 데도 힘을 더한다", "세상사에는 흔히 맛보기가 어려운 쾌감이 / 참깨를 털어내는 일에 희한하게 있는 것 같다."고 진술한다.

이 쾌감이 화자에게는 매우 신선한 것이었고 중독성이 있음을 알 수 있다. 이 진술은 "사람도 아무 곳에나 기분 좋게 한 번만 내리치면 / 참깨처럼 쏴아쏴아 쏟아지는 것들이 / 얼마든지 있을 거라"는 진술을 뒷받침해주면서 시의 해석을 풍요롭게 해준다.

"쏴아쏴아"에서 느껴지는 'ㅅ, ㅇ' 음운의 활용을 통한 경쾌감과 시원함은 결과물에서 얻는 즐거움이 청각적으로 표현되었다. 이때 "아가, 모가지까진 털어져선 안 되느니라"라는 할머니의 가엾어 하는 꾸중을 통하여, 쉽게 터는 작업 때문에 일어나는 상황을 독자가 짐작하게 해준다.

할머니의 꾸중은 젊은 내가 일을 빨리 처리해서라기보다는 모가지까지 다 털어버렸을 때 일어날 수 있는 일을 미리 짐작하는 것이다. 참깨는 털어지지 않고 꼬투리만 떨어졌을 때 화자는 다시 꼬투리를 골라내야 하는 작업의 번거로움이 그곳에는 들어 있다. 깨달음은 순간에 오고 지혜를 동반한다.

농촌에 사는 할머니의 노동을 통한 인내와 여유, 정직하고 소박한 삶과 도시에서 살던 화자의 충동적이고 한탕주의적인 삶의 대조를 통하여 느린 삶의 지혜와 노동의 소중함을 제시하고 있다.

어릴 적엔 떨어지는 감꽃을 셌지
전쟁통엔 죽은 병사들의 머리를 세고
지금은 엄지에 침 발라 돈을 세지
그런데 먼 훗날엔 무엇을 셀까 몰라

—「감꽃」, 『참깨를 털면서』(창작과비평사, 1977)

김준태 시인은 역사의 고통스러운 현장과 인간의 부조리한 실존을 고발하고 있다. 그의 시는 참깨, 콩, 감꽃 등 밭에서 나는 농작물과 자연물을 통해서 접근한다. 그의 시에서는 생명에 대한 경이와 인간의 문명에 대한 깊이 있는 반성이 함께 녹아들어 있다. 어릴 적에 셌던 감꽃이 주는 생명의 소중함과 동심의 순수함을 읽을 수 있다. 어른이 되어갈수록 대상과의 관계는 멀어진다. 인간 문명의 가장 이기적인 현장인 전쟁을 통해서 인간성을 잃어가는 모습을 보여준다. 그 바탕에는 "엄지에 침을 발라 돈을" 세는 물질 만능의 현실이 드러난다. 이 시는 독자에게 지금 어떤 선택을 해서 어떤 시각으로 대상을 바라봐야 하는가에 대한 질문을 던진다. 짧지만 강한 시인의 요구가 읽히는 시다.

문 병 란

(文丙蘭, 1935.03.28~2015.09.28)

문병란(文丙蘭) 시인은 1935년 3월 28일 전라남도 화순군 도곡면 원화리에서 태어났다.

1960년 조선대 문리대 국문학과를 졸업하였고, 1962년 스승 김현승(金顯承)의 추천으로 『현대문학』에 시 「가로수」, 「밤의 호흡」(1962.07), 「꽃밭」(1963.11)이 천료되어 문단에 등단했다. 순천고, 광주제일고교 교사를 거쳐 조선대학교 국어교육과 전임강사로 교수 생활을 시작했으나, 사학재단의 비합리적 경영체제에 실망하여 학교를 떠났다. 6월 항쟁이 성공하고 학내민주화 운동으로 복직하여 문예창작학과 교수로 재직하다가 퇴직하였다.

1970년에 첫 시집 『문병란 시집』을 내었다. 총 4부로 이루어진 이 시집 서문에 "시는 시인에겐 하나의 신앙과 같은 것"이라 하여 시인은 시를 통해 현실의 부조리나 각종 횡포 속에서 자신을 지킬 수 있다고 보고, 시의 창조를 분만의 고통에 비유했다. 시집에는 언어의식을 바탕으로 한 아름다운 서정성을 지향하고, 실존적 고독과 현실 상황에 대한 문제의식으로 이루어져 있다.

1970년대 이후 그는 『죽순밭에서』(1977), 『벼들의 속삭임』(1978), 『5월의 연가』(1986), 『양키여 양키여』(1988) 등 현실에 근거해서 저항과 비판의식을 주조로 한 민족 민중문학 창작에 몰두하였다. 『땅의 연가』(1981), 『뻘밭』(1983), 『무등산』(1986), 『견우와 직녀』(1991), 『새벽의 차이콥스키』(1997), 『인연서설』(1999), 『꽃에서 푸대접하거든 잎에서나 자고 가자』(2001), 『동소산의 머슴새』(2004), 『매화연풍』(2008) 등의 시집이 있으며, 산문집으로 『저 미치게 푸른 하늘』(1979), 『어둠 속에 던진 돌멩이 하나』(1986)와 문학 논집으로 『현장 문학론』(1983), 『민족문화강좌』(1991) 등이 있다.

문병란 시인의 시는 시인 자신의 말대로 "문학을 민주화 운동에 연결하려는 현실 참여적 문학에 열도를 가"하는 과정이다. 그는 민중의 삶을 대변하는 시인으로서 시의 주제는 부조리에 대한 저항의식, 자주적이고 독립적인 민족의식, 분단극복과 통일 염원 의지, 이 농민 및 도시 빈민 노동자들의 삶 같은 민중사, 민족시, 통일시, 광주의 5월을 테마로 한 역사성과 민중성을 통해 민족 민중문학을 건설하려고 노력하였다. 시의 장시화를 시도했고 설화를 시에 변형하는가 하면 다양한 화자와 인물을 설정하고 민중성과 울음, 고난을 상징하는 시어를 많이 선택하고 효과적인 풍자 등의 다양한 시학적 기법과 장치를 활용하여 뛰어난 문학성을 획득하면서도 민중들에게 쉽게 다가갈 수 있는 쉬운 시를 쓰려고 노력하였다.

이별이 너무 길다
슬픔이 너무 길다
선채로 기다리기엔 은하수가 너무 길다.
단 하나 오작교마저 끊어져 버린
지금은 가슴과 가슴으로 노둣돌을 놓아
면도날 위라도 딛고 건너가 만나야 할 우리

선 채로 기다리기엔 세월이 너무 길다.
그대 몇 번이고 감고 푼 실을
밤마다 그리움 수놓아 짠 베 다시 풀어야 했는가
내가 먹인 암소는 몇 번이고 새끼를 쳤는데,
그대 짠 베는 몇 필이나 쌓였는가?
이별이 너무 길다
슬픔이 너무 길다
사방이 막혀 버린 죽음의 땅에 서서
그대 손짓하는 연인아
유방도 빼앗기고 처녀막도 빼앗기고
마지막 남은 머리털까지 빼앗길지라도
우리는 다시 만나야 한다.
우리들은 은하수를 건너야 한다.
오작교가 없어도 노둣돌이 없어도
가슴을 딛고 건너가 다시 만나야 할 우리
칼날 위라도 딛고 건너가 만나야 할 우리
이별은 이별은 끝나야 한다
말라붙은 은하수 눈물로 녹이고
가슴과 가슴을 노둣돌 놓아
슬픔은 슬픔은 끝나야 한다, 연인아.

—「직녀에게」, 『땅의 연가』(창작과비평사, 1981)

이 시는 '견우와 직녀'의 설화를 바탕으로 하여 견우가 직녀에게 말을 건네는 형식으로 되어 있다. 1행부터 11행까지는 직녀와 나의 긴 이별과 슬픔에 대한 것이다. "-너무 길다"라는 시구의 반복을 통해 헤어짐의 지속성을 강조하였다. 화자는 직녀로 대변화되어 있다. 화자는 직녀를 꼭 만나야 한다고 한다. 그러나 그 만남을 방해하는 방해물이 있는데 그것은 "은하수"이다. 은하수를 건너기 위해서는 '오작교', '노둣돌', '가슴', '눈물'이 있어야 한다.

"오작교", "노둣돌"이 타인이 만들어 준 조건이라면 "가슴", "눈물"은 주체적으로 만들어낸 것이다. 이러한 것이 있어야 두 사람의 방해물인 '은하수'를 건널 수 있다. 그러나 "단 하나 오작교마저 끊어져버린" 상황이 일어난다. 설화보다 더 비관적이며 재회할 기회마저 사라져버린 절망적인 상황이 제시된다. 지금 화자에게는 타인이 만들어준 "오작교", "노둣돌"이 없는 것이다. 그러나 화자는 지금까지의 이별은 너무나 길었다. 이제 이별은 끝나야 한다고 말한다. 그래서 "지금은 가슴과 가슴으로 노둣돌을 놓아 / 면도날 위라도 딛고 건너가 만나야 할 우리,"라고 강한 어조로 호소하고 있다.

즉 타인의 도움이 아니라 주체적인 힘으로 견우와 직녀는 만나야 한다. "사방이 막혀버린 죽음의 땅에 서서" 연인은 손짓하고 있다. 이곳은 직녀가 처한 현실이며 절망과 시련의 공간이며 이별의 공간이기도 하다. 그래서 지금 두 사람은 만나야 한다.

12행부터 26행까지는 이별의 슬픔을 극복하고자 하는 소망이 제시되어 있다. "오작교"와 "노둣돌"이 없어서 현실적으로 불가능한 상황일지라도 두 사람은 만나야 하고 "말라붙은 은하수는 / 눈물로 녹이고"라도 만나야 한다. 불가능한 현실을 극복하고자 하는 주체적인 행동과 의지가 강하게 제시되고 있다. 여기에서의 절박함은 여자에게 가장 소중한 '유방', '처녀막', '머리털'로 상징화되고 있으며, 이런 것을 빼앗길지라도 화자가 주체적으로 만든 "가슴"과 "가슴"을 딛고서라도 꼭 만나야 한다고 설파하고 있다. "슬픔은 슬픔은—"으로 마무리지으면서 반복을 통해 이별은 끝나고 만남이 이루어져야 하는 신념을 절절하게 표현하고 있다.

이렇게 결여와 소실의 상황에서 소중한 대상을 되찾기를 갈망하는 이 작품은 민족의 현실이 낳은 대립과 이별을 '견우직녀 이야기'에 비유하였다고 할 수 있다.

사방이 막혀버렸다, 깊은 겨울
버스도 들어오지 않았다, 차라리 막혀버려다오

겨울은 내 고향의 구들목에
미신이 들끓는 달
지글지글 끓는 사랑방 아랫목에서
머슴들의 사랑이 무르익어가는 달,
화투장 위에도 밤새도록 흰 눈이여 쌓여다오.

겨울 산촌(山村)은 막힌 대로가 좋아
눈은 이틀째 자꾸만 내리고
자꾸만 내리고
신문도 배달부도 안 오는 깊은 겨울.

도시에서 실려오는 편지도
새마을 잡지도 오지 말아다오
차라리 신문이여 오지 말아다오

우리를 슬프게 만드는 유행가여 들리지 말아다오

지불명령을 가지고 오는 우체부 아저씨여 오지 말아다오.

눈 내리는 소리만 들리게 하고, 차라리
호롱불 가에서 심청전을 읽으며 울게 해다오
춘향이와 이도령의 서러운 이별을 함께 울게 해다오.

이틀째 이틀째 내리는 눈, 심란하게 심란하게 내리는 눈,
과부네 집 창가에 바스락거리는 눈,
눈 녹으면 어이할거나, 얼음 풀리면 어이할거나.

읍내로 나가는 고개도 막히고, 학교로 나가는 앞길도 막히고
간이역으로 나가는 윗길도 막히고,
막힌 땅에서 농부가 울어, 막힌 가슴으로
고향이 울어,

차라리 모두 다 막혀버려다오.
차라리 모두 다 막혀버려다오.

—「**겨울 산촌**」, 『**땅의 연가**』(**창작과비평사, 1981**)

이 시는 눈이 내려 사방이 막혀버린 겨울 산촌을 그렸다. 여기에서 눈은 외부와의 단절을 상징하는 매개체로 쓰인다. 화자는 겨울 산촌에 쌓인 눈 때문에 외부와의 단절된 산촌에서 산촌에 대한 깊은 애정을 가진 존재로 그려진다. 화자는 "차라리 모두다 막혀버"리길 바라는 자세를 가진다. 공간에 대한 단절을 염원하는 입장이 '수미상관법'으로 나타난다.

2연에서 화자는 “겨울은 내 고향의 구들목에 / 미신이 들끓는 달” 이며 “머슴들의 사랑이 무르익어가는 달,”이라고 고향의 특성을 강조한다. 이런 공간에 대해 화자는 외부의 모든 출입을 막기를 염원한다. 그것은 외부에서 들어오는 것들이 마을을 더럽히는 것으로 보이기 때문이다. 마을을 오염시키는 외부에서 들어오는 것은 새마을 잡지와 신문, 우리를 슬프게 하는 유행가, 지불명령을 가지고 오는 우체부 아저씨의 모습으로 다가온다. 이런 것들을 대하는 화자의 단호한 태도가 나타난다.

6연에서 도시에 대한 거부감은 “호롱불 가에서 읽었던 심청전”과 같은 어릴 적 고향 모습에 대한 아련한 향수와 연결되어 있다. 농촌으로 유입되는 도시의 모든 편리한 문명의 이기들이 결국 농촌을 울리는 현실을 경험한다. 화자는 차라리 아무것도 들어오지 못하게 해 달라는 뜻을 밝힌다. 모든 흐름이 끊어진 곳에서 화자가 할 수 있는 일은 “막힌 가슴으로” 우는 일밖에는 없기 때문이다. 이런 호소들이 하나의 울림을 가질 때 역설적으로 겨울 산촌의 길이 열릴 수 있다는 것을 보여준다.

김 남 주

(金南柱, 1946.10.16~1994.02.13)

김남주(金南柱) 시인은 1946년 전라남도 해남군 삼산면 봉학리에서 태어났다. 고향의 삼산초등학교를 졸업하고 읍내의 해남 중학교를 졸업하였다. 광주일고에 입학했으나 입시 위주의 획일적 교육제도에 반대하여 이듬해 자퇴했으며, 이듬해 1969년 대입 검정고시를 거쳐 전남대 영문과에 입학하였다. 그러나 격변의 1970년대와 맞물려 대학 1학년 때부터 3선 개헌 반대 운동과 교련반대 운동에 주도적으로 참여하는 등 반독재민주화운동에 앞장섰다. 1973년 제4공화국이 유신을 발표하자 이에 정면으로 대응하는 내용의 전국 최초의 반유신 투쟁 지하신문 『함성』을 제작하여 배포하였으며 1973년에는 지하신문 『고발』을 발간하여 광주 시내에 배포하였다. 이 사건으로 국가보안법·반공법 위반혐의로 징역 2년의 집행유예 3년을 선고받았다. 8개월 만에 석방되었지만, 전남대에서는 이 사건으로 제적되었다.

1974년 고향에 내려가 농사를 지으면서 농민 문제에 관심을 두기 시작하였고 '잿더미' '진혼가' 등 8편의 시가 『창작과비평』에 게재되면서 문단에 나왔다. 1978년 광주에서 황석영·최권행과 더불어 '민중문화연구소'를 만들고 초대 회장이 된 그는 본격적인 전사의 길로

접어들었다. 서울에 올라와 '남조선민족해방전선(남민전 사건)'에 가입해 활동하다가 1980년 체포돼 15년형을 선고받았다. 1988년 12월 형집행정지로 투옥 생활 9년 3개월 만에 전주교도소에서 석방될 때까지 10년간 옥중에서 250여 편의 시를 남겼다. 그는 부당한 기성 권력에 대한 반항심을 시로 승화시키고, 시를 변혁의 무기로 삼아 투쟁했다. 1994년 48세의 나이로 영면하였다.

1984년 김남주의 옥중 체험을 반영한 첫 시집에 『진혼가』(청사)가 출판되었다. 이 시집은 마침 박노해의 『노동의 새벽』이 출간하던 때 맞춰 나왔기 때문에 우리 사회의 민족운동에 큰 영향을 미쳤다. 『나의 칼 나의 피』(인동, 1987), 『조국은 하나다』(남풍, 1988), 『솔직히 말하자』(풀빛, 1989), 『사상의 거처』(창작과비평사, 1991), 『이 좋은 세상에』(한길사, 1992), 『나와 함께 모든 노래가 사라진다면』(창작과비평사, 1995) 시선집에 『학살』(한마당, 1988), 『사랑의 무기』(창작과비평사, 1989), 『함께 가자 우리 이 길을』(미래사, 1991)이 있으며, 번역서로는 프란츠 파농 『자기의 땅에서 유배당한 자들』(청사, 1978), 하이네·브레히트·네루다 『아침저녁으로 읽기 위하여』(남풍, 1988), 하이네 『아타 트롤』(창작과비평사, 1991) 등이 있다.

김남주 시인의 시는 민중의 삶과 민족의 소명을 구체적으로 그려냄으로써 죽음을 넘어선 새로운 미학적 희열을 제시하였다. 또한 전통적이고 민중적인 정서를 일상적인 상황을 통해 자연스럽게 표현하고 기다림이나 그리움의 정서를 메시지로 담고 있다. 인간과 세계를 향한 다양한 문제의식을 함축하여 적극적이고 주체적인 삶을 지향하였다. 4음보의 전통적 율격을 사용하여 쉬우면서도 힘 있는 어조를 사용하여 낭송되고 노래로 불릴 수 있는 여러 요소를 갖추고 있기도 하다. 가수 안치환에 의해 여러 곡이 불렸다.

함께 가자 우리 이 길을
셋이라면 더욱 좋고 둘이라도 함께 가자
앞서 가며 나중에 오란 말일랑 하지 말자
뒤에 남아 먼저 가란 말일랑 하지 말자
둘이면 둘 셋이면 셋 어깨동무하고 가자
투쟁 속에 동지 모아 손을 맞잡고 가자
열이면 열 천이면 천 생사를 같이하자
둘이라도 떨어져서 가지 말자

가로질러 들판 산이라면 어기여차 넘어 주고
사나운 파도 바다라면 어기여차 건너 주자
고개 너머 마을에서 목마르면 쉬었다 가자
서산 낙일 해 떨어진다 어서 가자 이 길을
해 떨어져 어두운 길

네가 넘어지면 내가 가서 일으켜 주고
내가 넘어지면 네가 와서 일으켜 주고
산 넘고 물 건너 언젠가는 가야 할 길 시련의 길 하얀 길
가로질러 들판 누군가는 이르러야 할 길
해방의 길 통일의 길 가시밭길 하얀 길
가다 못 가면 쉬었다 가자
아픈 다리 서로 기대며.

—「함께 가자 우리 이 길을」, 『사랑의 무기』(창작과비평사, 1989)

화자는 통일의 당위성과 필요성을 역설하고 있다. 화자의 추구하

는 길은 '해방의 길', '통일의 길'이다. 그리고 화자는 이 길을 반드시 "함께 가자"로 강조하고 있다. 그것도 어순을 도치하여 "함께 가자 우리 이 길을"이라고 하여 어순을 도치하여 '함께 가자'는 당위성과 필요성을 역설하고 있다.

시상의 흐름은 1행에서 8행은 통일은 모두 같이 가는 길이라는 것을 강조하였다. 9행에서 15행은 통일은 혼자서 하는 일이 아니고 서로 도우며 함께 가는 길이라는 '협동'과 '동지애'를 강조하였다. '산'과 '바다'는 화자의 목표달성을 방해하는 사물로 시련과 역경을 함축하는 말이다. "마을"은 화자가 잠깐 쉴 수 있는 곳이다. '산'과 '바다'의 시련을 이겨내고 목까지 마르면 "마을"에서 쉬면서 가자고도 한다. "가로질러 들판 산이라면 어기여차 넘어 주고 / 사나운 파도 바다라면 여기 여차 건너 주자."에는 민간에게 널리 알려진 노래를 차용하여 독자에게 '우리 모두 협력하자'는 화자의 의도를 친근하게 제시한다. 16행에서 20행은 이 길은 모두가 반드시 가야 할 길이라고 강조한다. 그리고 그 길은 '해방의 길', '통일의 길'임을 밝힌다. 그 길은 "가시밭길 하얀 길"인 시련과 고통의 길이다. 그러니 서로 "아픈 다리 서로 기대며" 위로하고 격려해서 같이 할 것을 끝까지 당부한다. 이 길엔 반대세력이 있을 수 없다는 단호한 태도를 보여주고 있다.

4음보의 전통적 율격을 적절히 변형시키면서 대구를 이용하여 자칫 경향적이고 관념적으로 흐르기 쉬운 시의 주제를 성공적으로 형상화하고 있다.

일흔 넘은 나이에 밭에 나가
김을 매고 있는 이 사람을 보아라

아픔처럼 손바닥에는 못이 박혀 있고
세월의 바람에 시달리느라 그랬는지
얼굴에 이랑처럼 골이 깊구나

봄 여름 가을 없이 평생을 한시도
일손을 놓고는 살 수 없었던 사람
이 사람을 나는 좋아했다
자식 낳고 자식 키우고 이 날 이 때까지
세상에 근심 걱정 많기도 했던 사람
이 사람을 나는 사랑했다
나의 피이고 나의 살이고 나의 뼈였던 사람

—「어머니」, 『꽃속에 피가 흐른다』(창작과비평사, 2007)

이 시는 김남주 시인의 서정성이 돋보이는 시다. 남민전 사건으로 긴 옥살이를 해야 했던 시인에게 어머니는 그리움의 대상이고 삶의 원천일 수 있다. 1연의 일흔을 넘은 나이에도 밭에 나가서 김을 매야 하는 어머니의 모습은 민중의 원형 같은 것임을 알 수 있다. 김남주 시인의 서정성은 노동을 신성시하는 전통적인 정서와 함께 민중의 삶을 기반으로 하는 구체적인 현실을 통해 얻어지고 있다. "못이 박혀" 있는 어머니의 손과 "이랑처럼 골이" 깊은 얼굴로 삶의 현장을 사실적이고 구체적으로 그려낸 어머니의 모습 속에서 화자의 미학적 관점을 보여준다. 김남주 시인은 3연의 구절을 통해서 아름다움이란 인간이 가져야 할 삶의 자세에 있음을 보여준다. "일손을 놓고는 살 수 없"고, "자식 낳고 자식 키우고", "세상에 근심 걱정 많기도" 했던 어머니의 모습이 그것이다. 농촌에서 뙤약볕을 견디며 김을 매는 어머니의 모습 속에서 “나의 피이고 나의 살이고 나의 뼈였던 사람”이라고 고백한 시인이 목소리에서 어머니의 존재 자체가 모든 투쟁의 길에서 시인의 고통을 견디게 해주는 커다란 의미가 될 수 있음을 확인시킨다.

이 시 영

(李時英, 1949.08.06~)

이시영(李時英) 시인은 1949년 8월 6일 전라남도 구례군 하사마을에서 태어났다. 지리산과 섬진강을 품고 있는 마을인 청정초등학교를 졸업하고, 구례중학교에 입학하여 수학하였고, 전주 영생고등학교에 입학하였다. 1969년 21세에 서라벌예술대학 문예창작학과에 입학하여 서정주·김동리·이동주·김현 등의 강의를 들었다.

1969년 『중앙일보』 신춘문예에 시조 「수(繡)」가 당선되었고, 제17회 신춘문예에 시 「염전시대」가 가작으로 입선되고, 7월에는 문화공보부 문예 작품 현상공모에 시저 「소금」이, 같은 해 11월에는 『월간문학』 신인작품 모집에 시 「채탄」 외 1편이 당선되어 등단하였다.

1980~1984년 창작과비평사 편집장, 1984~1995년 창작과비평사 주간, 1995~1999년 창작과비평사 부사장을 거쳐, 1999년 창작과비평사 상임고문이 되었다. 1987년 자유실천문인협의회의 집행위원으로 활동하였고, 1987년 민족문학작가회의 창립에 참여한 이후 계속 이곳에서 활동하였다. 1989년 『창작과비평』 겨울호에 황석영 북한 방문기를 게재했다 하여 징역 8개월, 자격정지 1년, 집행유예 2년으로 형이 확정되었으나 이후 1999년 8월 15일 대통령에 의해 특별복권이 이루어졌다.

2003년 3월 31일 1980년부터 23년 2개월간 근무해 오던 창작과비평사를 퇴직하였다. 서라벌고등학교와 중앙대학교 예술대학원 문학예술학과에서 학생들을 가르치기도 하였으며 단국대학교 예술대학 문예창작학과에서 강의를 하기도 했다.

주요 시집으로 『만월(滿月)』(1976), 『바람 속으로』(1986), 『길은 멀다 친구여』(1988), 『피뢰침과 심장』(1989), 『이슬 맺힌 사랑 노래』(1991), 『무늬』(1995), 『사이』(1996), 『조용한 푸른 하늘』(1997), 『은빛호각』(2003), 『바다호수』(2004), 『아르갈의 향기』(2005) 등이 있다.

이시영의 시에서는 아름다운 표현과 자연에 대한 따뜻한 마음씨가 엿보인다. 사물에 대한 섬세한 관찰력을 가치고 맑은 서정이 넘치는 자연 서정시를 많이 썼다. 또한 자기 시대의 구체적 형상화로서 보편적 정서의 밀도 짙은 획득으로 우리에게 다가선다. 경화된 관념에 물들지 않고 민중의 것으로 생생하게 육화시키는 능력을 갖추고 있다.

용산 역전 늦은 밤거리
내 팔을 끌다 화들짝 손을 놓고 사라진 여인
운동회 때마다 동네 대항 릴레이에서 늘 일등을 하여 밥솥을 타던
정님이 누나가 아닐는지 몰라
이마의 흉터를 가린 긴 머리, 날랜 발
학교도 못 다녔으면서
운동회 때만 되면 나보다 더 좋아라 좋아라
머슴 만득이 지게에서 점심을 빼앗아 이고 달려오던 누나
수수밭을 매다가도 새를 보다가도 나만 보면
흙 묻은 손으로 달려와 청색 책보를

단단히 동여매 주던 소녀
콩깍지를 털어 주며 맛있니 맛있니
하늘을 보고 웃던 하이얀 목
아버지도 없고 어머니도 없지만
슬프지 않다고 잡았던 메뚜기를 날리며 말했다.
어느 해 봄엔 높은 산으로 나물 캐러 갔다가
산뱀에 허벅지를 물려 이웃 처녀들에게 업혀 와서도
머리맡으로 내 손을 찾아 산다래를 쥐여주더니
왜 가 버렸는지 몰라
목화를 따고 물레를 잣고
여름밤이 오면 하얀 무릎 위에
정성껏 삼을 삼더니
동지섣달 긴긴 밤 베틀에 고개 숙여
달그랑잘그랑 무명을 잘도 짜더니
왜 바람처럼 가 버렸는지 몰라
빈 정지 문 열면 서글서글한 눈망울로
이내 달려 나올 것만 같더니
한번 가 왜 다시 오지 않았는지 몰라
식모 산다는 소문도 들렸고
방직 공장에 취직했다는 말도 들렸고
영등포 색시집에서 누나를 보았다는 사람도 있었지만
어머니는 끝내 대답이 없었다.
용산역전 밤 열한시 반
통금에 쫓기던 내 팔 붙잡다
날랜 발, 밤거리로 사라진 여인

—「정님이」, 『만월』(창작과비평사, 1976)

이 시는 정님이라는 여인을 통해서 1970년대의 한 단면을 보여주고 있다. 용산역을 배경으로 한 사실적 묘사로 영화의 한 장면을 보는 듯하다. 정님이는 1970년대 한국사회의 한 상징으로 재해석됨으로써 시대적 보편성의 차원으로 확장된다. 정님이는 도시화, 산업화의 시대적 변화 속에서 생겨난 사회상으로 말미암아 좌절과 절망에 빠져 자포자기로 변해버린 우리 이웃의 모습을 보여준다. 명랑하고 순박했던 정님이가 식모로 방직공장 여공으로, 색시집의 창녀로 전락해 갔던 당시의 사회문제를 부각시키면서 "통금에 쫓기던 내 팔 붙잡다 / 날랜 발, 밤거리로 사라진 여인"이 "정님이 누나가 아닐는지 몰라"라고 생각하면서도 속수무책일 수밖에 없는 자신의 삶에 대한 성찰이 드러나 있다.

시상의 구성은 수미상관의 구성을 하고 있으며 현재에서 과거로 다시 현재로 돌아오는 방식을 하고 있다. 1행에서 4행은 용산역 늦은 밤 내 팔을 끌던 여인이 옛날 어린 시절의 정님이 누나가 아닐지도 모른다는 화제 제시를 하고 있다. 이야기시의 도입부이다.

이어서 자연스레 5행부터 28행은 정님이 누나에 대한 회고가 이어지고 있다. 순박하고 쾌활하며 나를 극진히 사랑했던 착한 여인이었다. 나에게 누나는 '누나'이기도 했고, 사랑의 대상인 '소녀'이기도 했다. 누나에 대한 그리움은 "왜 가 버렸는지 몰라", "왜 바람처럼 가 버렸는지 몰라", "한 번 가 왜 다시 오지 않았았는지 몰라"와 같은 점층법에 의해 드러나 있다. 여기서 '~몰라'라는 표현은 반어적 표현으로 정님이 누나에 대한 연민의 정과 그리움이 드러난다. 29행에서 31행은 다시 현실로 돌아와 "용산역전 밤 열한시 반"이라는 구체적 시간적 배경과 함께 '날랜 발을 가진 정님이'라고 다시 한번 확신한다. 정님이로 대유되는 도시생활은 1970년대의 도시 빈민의 사회상이며 가난한 여인들의 수난의 모습이기도 하다. 이러한 모습을 보고도 "어머니는 끝내 대답이 없었다."는 구절을 통해서 환경에 지배당하는 인간의 모습을 들여다보게 한다.

누룩 같은 만월이 토담벽을 파고들면
붉은 얼굴의 할아버지는 칡뿌리를 한 발대
가득 지고 왔다
송기를 벗기는 손톱은 즐겁고
즐거워라 이마에 닿는 할아버지 허리에선
송진이 흐르고
바람처럼 푸르게 내 살 속을 흐른다
저녁 풀무에서 달아오른 별들,
노란 벌이 윙윙거리면
마을 밖 사죽골에 삿갓을 쓰고
숨어사는 어매가
물매 맞아 죽은 귀신보다 더 무서웠다
삼베치마로 얼굴을 싼 누나가
송기밥을 이고
봉당으로 내려서면
사립문 밖 새끼줄 밖에서는
끝내 잠들지 못한
맨대가리의 장정들이 컹컹 짖었다
부엉이 울음소리가 쭈그리고 앉은

산길에는 썩은 덕석에 내다 버린 아이들과 선지피가 자욱했다
어둠 속에 숨 죽인 갈대덤불을 헤치고
늙은 달이 하나 떠올랐다

—「만월(滿月)」, 『만월』(창작과비평사, 1976)

이 시에서 배경은 어둡고 싸늘하며 처참하다. 이 시에서 독자는 만월에 대한 기존의 시각이 전복되는 것을 경험한다. 밤이라는 공간은 하늘의 별을 불러오기도 하고 달의 이미지를 만들어낸다. 하지만, 늙은 것만 살아남고 어리고 젊은 것은 죽어버린 희망이 없는 죽음의 공간을 나타낸다. 이 시에서 달은 어둠을 비치는 존재만이 아니다. 달은 늙은 것이 된다. 아름답게만 보던 만월이 누룩처럼 칙칙하게 오래된 냄새를 풍기며 다가온다. 누룩은 가장 민중적인 것이고 민중적인 속성을 지닌다. 누룩이 만들어낸 술을 통해서 위로를 받았고 누룩처럼 자신들의 분노와 슬픔과 아픔을 퍼뜨려 가기 때문이다. 하지만 그것 또한 늙은 것이 된다. 이 시에서는 농촌마을의 붕괴가 곳곳에서 보인다. 결코, 즐거울 수 없는 공간이다. 그것은 숨어 사는 어메의 모습이 보이고, 아이들의 죽음이 곳곳에서 깔려 있기 때문이다. "즐겁고 / 즐거워라"라는 역설을 통해서 시의 분위기를 더 싸늘하게 한다. 사죽골, 송기밥, 봉당, 한 발대 등의 시어들은 이제 쓰이지 않는다. 이 시의 배경이 되는 농촌 민중들의 가난과 굶주림의 현장을 생생하게 보여주고 있다. 일반적인 시에서 가장 따뜻한 존재로 그려지는 어머니가 이 시에서는 죽은 귀신보다도 더 무서운 존재로 그려지고 있다. 이런 상황을 이 시는 늙었지만, 어김없이 떠오르는 만월을 통해서 적나라하게 드러낸다. 그것은 피로 얼룩진 산길 썩은 덕석에 병들어서 버려진 아이들과 선지피가 자욱하기 때문이다. 죽음이

곳곳에 깔린 밤에 죽음을 외면하며 숨죽인 채 바라볼 수밖에 없는 갈대 덤불 같은 사람들 위로 늙은 달이 떠서 보여주는 것이다. 위에 어둠이 깔리는 장면이 구체적으로 그려진다. 장면과 장면을 제시해 하나의 이야기를 떠올리게 만든다.

문 정 희

(文貞姬, 1947.05.25~)

문정희(文貞姬) 시인은 1947년 5월 25일 전라남도 보성에서 출생하고 광주 서석초등학교를 졸업하였다. 1962년 전남여자중학교 재학 중 서울로 전학하였다. 1966년 서울 진명여자중학교를 졸업하고 재학 중 이화여자대학교를 비롯한 전국고교 백일장에서 여러 차례 장원하였다. 1965년 고등학교 3학년 재학 시 첫 시집 『꽃숨』을 발간하였다. 1966년 동국대학교 국문과에 문학특기생으로 입학하여 4학년 재학 중에 『월간문학』 신인상에 작품 「불멸」이 당선되었다. 1980년 동국대학교 대학원에 입학한 뒤 1993년 박사학위를 받았다. 2010년에는 동아시아 시인들을 대상으로 하는 스웨덴의 문학상인 '시키다상'을 수상하였다.

수필 『사랑이 열리는 나무』(1987), 『사색의 그리운 풀밭』(1986), 『당당한 여자』(1992) 등과, 시집 『꽃숨』(1965), 『우리는 왜 흐르는가』(1987), 『혼자 무너지는 종소리』(1984), 『아우내의 새』(1986), 『그리운 나의 집』(1987), 『제 몸속에 살고 있는 새를 꺼내어 주세요』(1990), 『남자를 위하여』(1996), 『오라, 거짓 사랑아』(2001), 『모든 사랑은 첫사랑이다』(2003), 『양귀비꽃 머리에 꽂고』(2004), 『나는 문이다』(2007), 『찔레』(2008) 등 많은 시집을 냈다.

문정희 시인의 시문학은 창조적이고 생산적인 삶의 철학이 바탕을 이루고 있다. 전통서정성을 가졌으되 깊고 폭넓은 사회적 역사적 관심과 함께 설화적 모티프를 현실과 결부시켜 그려내기도 하고 당당하고 꾸밈없는 직설적 수사법으로 작은 것에 대한 관심과 긍정적인 자세를 견지하는 시인이다. 죽음과 이별을 노래할 때는 우회적이고 역설적으로 표현하면서 삶의 깊이에서 희생하는 삶에 대해 건강함이 넘치고 박진감 있는 시편들로 구성되어 있다. 그의 사랑은 낭만적인 사랑, 지고지순의 사랑과 함께 적극적이고 도전적인 사랑을 노래하고 있다. 또한, 깊은 인생의 성찰을 통한 넉넉한 거리와 평정심을 회복하고 페미니즘 문학에 관심을 가지고 여성 해방시를 많이 썼다. 정적이고 수동적인 자아를 거부하고 '여성적인 생명주의'의 시 세계를 구축하여 공감대를 형성하면서 "한국 여성시"를 이끌어 가고 있다.

흙이 가진 것 중에
제일 부러운 것은 그의 이름이다
흙 흙 흙 하고 그를 불러보라
심장 저 깊은 곳으로부터
눈물 냄새가 차오르고
이내 두 눈이 젖어온다

흙은 생명의 태반이며
또한 귀의처인 것을 나는 모른다
다만 그를 사랑한 도공이 밤낮으로
그를 주물러서 달덩이를 낳는 것을 본 일은 있다

또한 그의 가슴에 한 줌의 씨앗을 뿌리면
철 되어 한 가마의 곡식이 돌아오는 것도 보았다
흙의 일이므로
농부는 그것을 기적이라 부르지 않고
겸허하게 농사라고 불렀다

그래도 나는 흙이 가진 것 중에
제일 부러운 것은 그의 이름이다
흙 흙 흙 하고 그를 불러보면
눈물샘 저 깊은 곳으로부터
슬프고 아름다운 목숨의 메아리가 들려온다
하늘이 우물을 파놓고 두레박으로
자신을 퍼 올리는 소리가 들려온다

—「흙」, 『양귀비꽃 머리에 꽂고』(민음사, 2004)

이 시는 문정희 시인의 여성성이 잘 드러나는 시이다. 1연에서는 흙의 이름에서 연상되는 아픔과 희생의 이미지가 그려졌다. '흙'의 발음에서 울음소리를 연상한 화자는 생명을 탄생시키기 위한 흙의 희생에 공감하고 있다. 더불어 화자에게 눈물 냄새가 차오르고 두 눈이 젖어오는 눈물의 메아리를 들을 수 있는 것은 자식을 위해 모든 것을 희생하는 '어머니'의 심정을 헤아리고 있기 때문이다. 2연에서는 생명의 근원이자 귀의처인 흙에 관해 이야기하고 있다. 흙은 생명을 탄생시키는 "생명의 태반"과 같으며 언젠가는 돌아와서 의지할 곳인 "귀의처"인 것이다. 도공이 "달덩이"를 낳고 한 줌의 씨앗을 뿌려 "한 가마의 곡식"이 돌아오는 것을 화자는 "흙의 일"이라고 하였다. 이는 화자에게 나타난 여성성의 풍요로움이다. 시인은 이러한 여성성의 일을 농사라고 겸허하게 말하고 있다. 이는 화자의 여성성의 겸허한 자세이다. 3연에서는 1연에서의 흙에 대해 부러움과 희생에 대한 공감적 이미지를 점층법을 통해 반복하여 변주하고 있다.

'흙'하고 그의 이름을 불렀을 때 눈물샘 저 깊은 곳으로부터 들려오는 "슬프고 아름다운 메아리"는 '어머니의 사랑'라고 할 수 있을 것이다. "하늘이 우물을 파놓고 두레박으로 자신을 퍼 올리는 소리가 들려"오는 것은 하늘과 함께 자신을 희생해서 생명을 키우는 흙에 대한 속성, 즉 어머니의 희생과 사랑을 이야기하고 있다. 흙은 내주기만 하고 대가를 바라지 않는다. 열매와 짐승과 사람에게 다 퍼주고도 밟히기만 한다. 세상의 모든 오염도 제 안에서 삭히기만 하는 흙은 우리들의 어머니가 아니겠는가.

일찍이 어머니가 나를 바다에 데려간 것은
소금기 많은 푸른 물을 보여주기 위해서가 아니었다
바다가 뿌리 뽑혀 밀려 나간 후
꿈틀거리는 검은 뻘밭 때문이었다
뻘밭에 위험을 무릅쓰고 퍼덕거리는 것들
숨 쉬고 사는 것들의 힘을 보여주고 싶었던 거다
먹이를 건지기 위해서는
사람들은 왜 무릎을 꺾는 것일까
깊게 허리를 굽혀야만 할까
생명이 사는 곳은 왜 저토록 쓸쓸한 맨살일까
일찍이 어머니가 나를 데려간 것은

저 무위(無爲)한 해조음을 들려주기 위해서가 아니었다
물 위에 집을 짓는 새들과
각혈하듯 노을을 내뿜는 포구를 배경으로
성자처럼 뻘밭에 고개를 숙이고
먹이를 건지는
슬프고 경건한 손을 보여주기 위해서였다

—「율포의 기억」, 『양귀비꽃 머리에 꽂고』(민음사, 2004)

이 시는 노동을 통해서 여성이 삶의 주체를 회복하는 것을 노래하고 있다. 삶의 현장은 푸르게 펼쳐진 바다가 아닌 "바다가 뿌리 뽑혀 밀려 나간 후"까지 남아 있는 검은 뻘밭 때문이라고 시인은 말한다. 문정희 시인은 여성의 노동이 소외되는 현상을 "자연스러운 인간의 본성을 망각한 데서 온 것이라고 본다. 인위적인 제도와 관습이 개입하기 이전의 사회에서 남성과 여성은 동등한 권리와 자격을 가진 양성"11)으로 보았다. 어머니가 보여준 율포의 고향 바다의 뻘밭은 화자가 겪는 모든 얼울함과 고통스러운 삶의 여정을 담담하게 위로해준다. "어머니가 나를 바다에 데려간 것은", "꿈틀거리는 검은 뻘밭 때문이었"음을 기억할 때 그곳에서 일어나는 일이 지금도 계속되고 있음을 깨닫는다. "먹이를 건지기 위해서는 / 사람들은 왜 무릎을 꺾"고 "깊게 허리를 굽"히고 "먹이를 건지는 / 슬프고 경건한 손을 보여주기 위해서였"다는 것을 시인은 깨닫는다. 노동이 신성해지는 순간은 자신의 노동이 사람을 살리는 일이 되었을 때라는 것을 시인은 어머니의 이름으로 깨닫게 되는 것이다.

11) 문혜원, 「어머니의 이름으로 시간 앞에 우뚝 서다」, 『시와시학』, 2004년 여름호, 204쪽.

송 수 권

(宋秀權, 1940.03.15~2016.04.04)

송수권(宋秀權) 시인은 1940년 전라남도 고흥군 두원면에서 태어났다. 고흥 두원초등학교와 고흥중학교를 졸업한 뒤 순천사범학교를 졸업하고 초등학교에서 교편을 잡았다. 서라벌예술대학 문예창작과를 졸업하고, 1975년 『문학사상』 신인상에 「산문에 기대어」 외 4편이 당선되어 등단하였다. 같은 해 문화공보부 예술상을 받았다. 1980년 첫 시집 『산문(山門)에 기대어』와 1982년 두 번째 시집 『꿈꾸는 섬』을 출간하였고, 이후로도 왕성한 작품활동을 하였다. 영주중학교 교사, 나주중학교 교사 등 30년간 중학교와 고등학교 교사 및 광주학생교육원 연구사, 연구관을 지낸 뒤 1995년 명예퇴직하였다. 1999년부터는 순천대학교 문예창작과에서 학생들을 가르치면서 객원교수로 재직했다.

주요 시집으로 『산문(山門)에 기대어』(1980), 『아도(啞陶)』(1984), 『새야 새야 파랑새야』(1986), 『우리들의 땅』(1988), 『별밤지기』(1992), 『바람에 지는 아픈 꽃처럼』(1994), 『수저통에 비치는 저녁노을』(1998), 『파천무』(2001), 『언 땅에 조선매화 한 그루 심고』(2005), 『시골길 또는 술통』(2007) 등을 간행하였다. 산문집으로 『다시 산문(山門)에 기대어』(1986), 『쪽빛 세상』(1998), 『만다라의 바다』(2002) 등, 그리고 역사기행집으로 『남도기행』(1991)을 발간하였다.

그의 시는 남도 땅에서 사는 사람들의 구불구불 맺혀 있는 한이라고 할 수 있다. 그러나 소월이나 영랑이 보여주는 애상적인 한이 아니라 한 속에 있는 은근하고 남성적인 힘을 강조한다. 그러한 한을 남도의 하늘과 들과 맑은 바람 속에 담아낸다. 또한, 남도의 속어를 잘 살려 특유의 맛과 멋을 살려내고 있으며, 역사의식을 매개로 한 민족 재생의 의지를 담은 작품들도 많이 발표했다.

누이야
가을산 그리메에 빠진 눈썹 두어 낱을
지금도 살아서 보는가
정정(淨淨)한 눈물 돌로 눌러 죽이고
그 눈물 끝을 따라가면
즈믄 밤의 강(江)이 일어서던 것을
그 강물 깊이깊이 가라앉은 고뇌(苦惱)의 말씀들
돌로 살아서 반짝여 오던 것을
더러는 물속에서 튀는 물고기 같이
살아오던 것을
그리고 산다(山茶)화 한 가지 꺾어 스스럼없이
건네이던 것을

누이야 지금도 살아서 보는가
가을산 그리메에 빠져 떠돌던
그 눈썹 두어 낱을 기러기가
강물에 부리고 가는 것을

내 한 잔은 마시고 한 잔은 비워 두고
더러는 잎새에 살아서 튀는 물방울같이
그렇게 만나는 것을

누이야 아는가
가을산 그리메에 빠져 떠돌던
눈썹 두어 낱이
지금 이 못물 속에 비쳐 옴을

—「산문(山門)에 기대어」, 『산문에 기대어』(문학사상사, 1980)

이 시는 1975년 『문학사상』 신인상에 당선되어 등단하게 된 작품이다. 누이의 죽음으로 인한 충격과 슬픔을 가을 산 강가를 거닐며 차분히 정화하고, 불교적 세계관에 기초하면서 내세로의 새로운 만남을 소망하고 있는 작품이다. 시의 제목인 '산문(山門)에 기대어'에 나오는 '山門'은 단순히 절 문을 의미하는 것이 아니라 이승과 저승을 넘나드는 경계의 문으로 윤회와 부활을 상징한다. 내용상으로는 독백체 형식이지만 실질적으로는 화자가 누이를 부르는 대화체 형식으로 선명한 시각적 이미지를 통해 화자의 정서를 함축적으로 표출하면서 죽은 누이에 대한 간절한 그리움을 표현하고 있다.

1연에서 화자는 가을 산 그림자에서 누이의 모습을 떠올린다. 가을 산 그림자는 누이의 '눈썹'을 떠올리게 한다. 그리고 누이와 재회하게 될 것을 기대하게 된다. 살아서 만날 수는 없겠지만 내세에서는 누이와 만날 것을 기대한다. "즈믄 밤의 강(江)"은 재생의 공간이다. 누이의 죽음에 대한 슬픔을 "돌로 눌러 죽이"고 나면 "즈믄 밤의 공간"은 일어서게 된다. 즉 죽은 누이의 혼은 물속에서 '반짝이던 돌의 모습'으로 또는 물속에서 튀는 물고기같이 역동적으로 부활하게 되어 아무렇지도 않게 "산다(山茶)화 한 가지 꺾어" 누이에게 건네주게 된다. 여기서 '돌'은 화자의 굳은 의지와 믿음을 상징한다. 누이를 잃은 슬픔을 "돌로 눌러 죽이면서" 회복하려고 하고 '반짝이는 돌의 모습'으로 내세에 대한 굳은 신념을 나타낸다.

2연에서 화자는 강물에 비친 기러기떼의 모습에서 또 누이의 눈썹을 떠올리고 "한 잔은 마시고 한 잔은 비워두고"라는 누이를 위한 '제의 의식'을 통해 "잎새에 살아서 튀는 물방울같이" 순수하게 누이를 만날 것을 기대한다.

3연에서 화자는 누이의 눈썹이 새로운 생명을 창조하는 '못물'에 비침으로써 다시 누이와의 재회를 확신한다.

이 시에서 물은 '눈물', '강물', '봇물'로 전환되고 있다. 누이의 죽음에 대한 비극적 현실 인식의 '눈물'에서 기러기가 눈썹을 떨어뜨린 곳이면서 삶과 죽음을 연결해 주는 곳인 '강물', 누이의 재생에 대한 확신이 새로운 생성의 장소로 이미지화된 '못물'까지 연결되었다. 현재에서 과거를 되돌아보는 회상적 구조로 누이의 죽음이 슬픔과 부활의 의지를 관념적이면서 정한인 감정으로 나타났다.

여러 산봉우리에 여러 마리의 뻐꾸기가
울음 울어
떼로 울음 울어
석 석 삼년도 봄을 더 넘겨서야
나는 길뜬 설움에 맛이 들고
그것이 실상은 한 마리의 뻐꾹새임을
알아냈다.

지리산 下
한 봉우리에 숨은 실제의 뻐꾹새가
한 울음을 토해내면
뒷산 봉우리 받아넘기고
또 뒷산 봉우리 받아넘기고
그래서 여러 마리의 뻐꾹새로 울음 우는 것을
알았다.

지리산 中
저 連連한 산봉우리들이 다 울고 나서
오래 남은 추스림 끝에
비로소 한 소리없는 강이 열리는 것을 보았다.

섬진강 섬진강
그 힘센 물줄기가
하동 쪽 남해를 흘러들어
남해군도의 여러 작은 섬을 밀어올리는 것을 보았다.

봄 하룻날 그 눈물 다 슬리어서
지리산 下에서 울던 한 마리 뻐꾹새 울음이
이승의 서러운 맨 마지막 빛깔로 남아
이 細石 철쭉꽃밭을 다 태우는 것을 보았다.

—「**지리산 뻐꾹새**」, 『**산문에 기대어**』(**문학사상사, 1980**)

이 시는 지리산의 뻐꾹새 울음이 한 마리의 울음에서 시작되었음을 알려준다. 지리산이 가지고 있는 상징성은 크다. '지리산'은 오랜 세월 우리 민족의 고통과 수난의 이야기들을 담고 있는 곳이다. 특히, 한국 현대사에 지리산은 피와 눈물의 장소이다. 전쟁과 이념대결에서 비롯된 민중들의 죽음과 희생은 피눈물로 한으로 남겨진다.

송수권 시인은 우리 민족의 얼이 서려 있는 이 땅의 모든 사물들에 대해 생명을 가진 존재로 대한다. 그것은 그것들 속에 있는 민중들의 삶의 자리를 깊이 보고 있기 때문이다. 민중들의 목소리가 하나의 개인이었을 때는 미약하기 그지없지만 작은 존재들의 목소리가 모여서 하나의 울음으로 합쳐졌을 때 그것은 커다란 힘이 되는 것을 이 시에서 보여준다. 이 힘은 화자의 설움이 개인의 것에서 비롯되었지만 개인의 것이 아니고 이 땅을 살아가는 모든 사람의 것임을 이야기한다. 이 시에서 시인은 자연의 모든 사물들이 이러한 아픔의 증언자들이 되고 있음을 보여준다.

한 봉우리를 넘을 때마다 증폭되는 뻐꾹새의 울음은 강을 열고 남해군도의 섬까지 밀어 올린다. 남도의 설움이 폭발하는 것을 맛보게 하는 이 시는 "細石 철쭉꽃밭을 다 태우는 것"으로 희망과 환희의 시간을 보여준다. 민중들이 고통과 수난이 눈물만으로 끝나지 않고 역사의 지평에서 되살아 날 수 있다는 것을 보여준다. 그것은 모든 생명체가 지니는 재생의 의미가 담겨 있다. 울음이 재생의 바탕으로 힘으로 전환된다. 송수권 시인의 역동적이며 생명에 대한 지극한 열의가 담겨 있는 시다.

허 형 만
(許炯萬, 1945.10.26~)

허형만(許炯萬) 시인은 1946년 10월 26일 전라남도 순천시에서 출생하였다. 광주 서석초등학교, 광주 남중학교, 순천고등학교를 다녔다. 중앙대학교 국문과 및 성신여자대학교 대학원과 숭전대학교 대학원을 졸업했다. 1973년 『월간문학』 신인상으로 문단 활동을 시작하였다. 목포대학교 국문과에서 학생들을 가르쳤다.

시집으로는 『청명』(1978), 『풀잎이 하나님에게』(1984), 『모기장을 걷는다』(1985), 『입맞추기』(1987), 『진달래 산천』(1991), 『비 잠시 그친 뒤』(1999), 『영혼의 눈』(2002), 『첫차』(2005) 등이 있으며, 다수의 평론집과 수필집이 있다.

허형만의 시는 한국 전통 서정시를 바탕으로 하고 있다는 평을 받고 있다. 시적 대상을 따뜻하게 포용하는 남도의 정서를 풍부하게 드러내고 있으며 섬세한 눈으로 자연과 우주의 섭리를 들여다보며 읽어낸다. 삶을 통찰하는 낮은 자세를 가지고 작은 것으로부터 우주의 큰 깨달음을 읽어내는 모습을 만난다.

가까이 다가서기 전에는
아무것도 가진 것 없어 보이는

아무것도 피울 수 없을 것처럼 보이는
겨울 들판을 거닐며
매운 바람 끝자락도 맞을 만치 맞으면
오히려 더욱 따사로움을 알았다

듬성듬성 아직은 덜 녹은 눈발이
땅의 품안으로 녹아들기를 꿈꾸며 뒤척이고
논두렁 밭두렁 사이사이
초록빛 싱싱한 키 작은 들풀 또한 고만고만 모여 앉아
저만치 밀려오는 햇살을 기다리고 있었다

신발 아래 질척거리며 달라붙는
흙의 무게가 삶의 무게만큼 힘겨웠지만
여기서만은 우리가 알고 있는
아픔이란 아픔은 모두 편히 쉬고 있음도 알았다

겨울 들판을 거닐며
겨울 들판이나 사람이나
가까이 다가서지도 않으면서
아무것도 가진 것 없을 거라고
아무것도 키울 수 없을 거라고
함부로 말하지 않기로 했다.

—「겨울 들판을 걸으며」, 『비 잠시 그친 뒤』(문학사상사, 1999)

이 시는 시인의 눈이 무엇을 봐야 하는지를 알려준다. 겨울 들판이 보여주는 겉모습은 황량함 속에서 추위와 고통과 고난을 드러내지만, 시인은 겨울 들판을 자세히 들여다보면 거기에는 생명의 꿈틀거림이 숨겨져 있고 고통 속에서 기다리는 따뜻한 봄 햇살을 느끼게 한다. 마치 엘리엇의 황무지에서 겨울 황무지가 제 몸 안에 뿌리를 묻어두고 기다리는 봄을 떠올리게 한다. "매운 바람 끝자락도 맞을 만치 맞으면" 오히려 따뜻함을 느낀다는 역설적인 표현을 통해 인간의 삶이란 고통을 견디면서 찾아지는 무엇이라는 것을 깨닫게 한다. "초록빛 싱싱한 키 작은 들풀"이 기다리는 햇살은 희망의 봄은 이미 우리 안에 와 있음을 알게 한다. 자세히 보아야 알 수 있는 것이 희망이란 것임을 시인은 자기 반성을 통해서 이야기한다. "신발 아래 질척거리며 달라붙는 / 흙의 무게가 삶의 무게만큼 힘겨웠지만" 겨울 들판에서 아픔조차 쉬고 있는 풍경을 만난다. 이런 깨달음 속에서 "아무 것도 키울 수 없을 거라고" 말하는 순간에도 초록의 힘은 보이지 않는 땅 밑에서 뿌리를 내리고 밀려오는 햇살을 기다리고 있는 것을 알게 된다.

구두 뒷굽이 닳아 그믐달처럼 한쪽으로 기울어졌다
수선집 주인이 뒷굽을 뜯어내며
참 오래도 신으셨네요 하는 말이
참 오래도 사시네요 하는 말로 들렸다가
참 오래도 기울어지셨네요 하는 말로 바뀌어 들렸다
수선집 주인이 좌빨이네요 할까봐 겁났고
우빨이네요 할까봐 더 겁났다
구두 뒷굽을 새로 갈 때마다 나는
돌고 도는 지구의 모퉁이만 밟고 살아가는 게 아닌지

순수의 영혼이 한쪽으로만 쏠리고 있는 건 아닌지
한사코 한쪽으로만 비스듬히 닳아 기울어가는
그 이유가 그지없이 궁금했다.

—「뒷 굽」, 『불타는 얼음』(고요아침, 2013)

이 시는 일생을 시를 써온 시인의 자세를 잘 보여준다. 쉽게 지나칠 수 있는 말 "참 오래도 신으셨네요"라는 한마디를 통해서 시인은 자신이 일생을 걸어온 길을 돌아본다. "지구의 모퉁이만을 밟고 살아가는 게 아닌지". 이런 각성은 중심을 잃고 살아온 것이 아닌 것인가에 대한 자성으로 이어진다. 옳다고 믿었던 것들이 화자의 손을 한쪽 방향으로만 잡아끌었던 것은 아니었는가 되돌아보게 한다. 구두 뒷굽은 구두 신는 동안 갈아주어야 할 소모품이지만 그 쏠림을 통해 내 몸의 균형을 살펴볼 수 있다. 구두에서 몸으로 몸에서 영혼으로 이야기의 깊이가 내면으로 향해 가면서 이 시는 작은 에피소드를 통해서 시의 방향을 모색하게 한다.

황 지 우

(黃芝雨, 1952.01.25~)

황지우(黃芝雨) 시인은 1952년 전라남도 해남군 북평면 배다리에서 태어났다. 본명은 황재우(黃在祐)이다. 광주 중앙초등학교, 광주서중학교, 광주제일고등학교를 졸업하였다. 1972년 서울대학교 미학과에 입학하여 문리대 문학회에 가입, 문학 활동을 시작했다. 1973년 유신 반대 시위에 연루, 강제 입영하였다. 1980년 광주민주화운동에 가담한 혐의로 구속, 1981년 서울대학교 대학원에서 제적되어 서강대학교 철학과에 입학했다. 한신대학교 문예창작과 교수를 역임하였으며, 한국예술종합학교 연극원 교수로 있다가 2006년 총장으로 임명되었다.

1980년 중앙일보 신춘문예에 『연혁(沿革)』이 입선하고, 『문학과지성』에 「대답 없는 날들을 위하여」를 발표·등단하였다. 김수영문학상을 수상한 『새들도 세상을 뜨는구나』(1983)는 기존의 정통적인 시 관념을 탈피하면서, 언어와 작업에서 대담한 실험과 전위적 수법을 만들어내고 있다. 기호, 만화, 사진, 다양한 서체 등을 사용하여 시 형태를 파괴함으로써 날카로운 풍자와 강렬한 부정의 정신, 그리고 그 안에 도사린 슬픔을 효과적으로 드러내고 있다. 극단 연우에 의해 연극으로 공연되었다.

『게눈 속의 연꽃』(1991)은 초월의 가능성과 한계에 대해 노래했으며 『어느 날 나는 흐린 주점에 앉아 있을 거다』는 동시대인의 객관적인 삶의 이미지와 시인의 개별적인 삶의 이미지가 독특하게 겹쳐져 생의 회한을 담고 있는 시로 대중 가사와 같은 묘미가 있다. 이 시집에 실려 있는 『뼈아픈 후회』로 김소월문학상을 받았고 또한 제1회 백석문학상을 받았다. 민주화 시대를 살아온 지식인으로서 시대를 풍자하고 이상향을 꿈꾸는 그의 시에는 정치성·종교성이 고루 배어들어 있다.

그 밖에 『예술사의 철학』, 『큐비즘』 등의 저서가 있고, 『겨울나무로부터 봄 나무에로』(1985), 『저물면서 빛나는 바다』(1995), 『등우량선』(1998) 등의 시집이 있다.

영화가 시작하기 전에 우리는
일제히 일어나 애국가를 경청한다.
삼천리 화려 강산의
을숙도에서 일정한 군(群)을 이루며
갈대 숲을 이룩하는 흰 새떼들이
자기들끼리 끼룩거리면서
자기들끼리 낄낄대면서
일렬 이열 삼렬 횡대로 자기들의 세상을
이 세상에서 떼어 메고
이 세상 밖 어디론가 날아간다.
우리도 우리들끼리
낄낄대면서
깔쭉대면서

우리의 대열을 이루며
한 세상 떼어 메고
이 세상 밖 어디론가 날아갔으면
하는데 대한 사람 대한으로
길이 보전하세로
각각 자기 자리에 앉는다
주저앉는다.

—「새들도 세상을 뜨는구나」, 『새들도 세상을 뜨는구나』(문학과지성사, 1983)

이 시는 황지우의 첫 시집 『새들도 세상을 뜨는구나』에 수록된 작품이다. 기존의 정통적인 시 관념을 과감하게 탈피하면서 대담한 실험과 전위적인 수법을 만들어낸 시집이라고 평가된 시집이기도 했다. 형태 파괴적 작업을 통해 날카로운 풍자와 강렬한 부정의 정신, 그 속에 도사린 슬픔을 효과적으로 드러내고 있다.

1980년대 폭압적 현실 상황에 대한 극도의 좌절감을 풍자적 수법을 통해 보여주고 있다. 암울한 현실을 벗어나고 싶은 소망과 그 좌절감, 군사 정치 문화에 대한 냉소적 태도와 무력감, 현실적 삶의 위선과 억압에 대한 비판과 자유로운 삶에 대한 희구를 드러냈다.

시의 구조는 영화 시작 전의 애국가의 올림으로부터 출발하여 애국가가 끝나는 순간에 끝나는 것으로 되어 있다. 시 중간에 나오는 갈대숲을 이룩하는 새떼들은 애국가가 불리어지면서 보이는 화면에 등장하는 새들이다.

화면에는 애국가를 배경으로 하여 새들이 자신의 대형(大形)을 이루며 날고 있다. 새들은 이 세상 밖으로 화자를 비웃듯이 "자기들끼리 끼룩거리면서 / 자기들끼리 낄낄대면서" 세상 밖 어딘가로 날아

간다. 화자도 새들처럼 "낄낄대면서 / 깔쭉대면서" 대열을 이루어 세상 밖 어딘가로 날아가고 싶지만, 애국가가 끝나자 이러한 환상은 끝나고 역시나 "주저앉는다". 그의 환상은 실현되지 않았으며, 다른 사람들과 마찬가지로 화자 역시 '현실'로 돌아올 수밖에 없는 것이다. 힘에 의한 종속으로 시적 화자의 무력감과 절망감을 표현하였다. "주저 앉는다"라는 표현에 화자의 짙은 좌절감이 나타나 있음과 동시에 실천하지 못하는 지식인의 한계를 엿볼 수 있다. 여기서 "대한 사람 대한으로" 시구에서는 구호로 대변되는 군사 문화의 정치적 획일성과 횡포의 상징을 엿볼 수 있다.

네가 오기로 한 그 자리에
내가 미리 가 너를 기다리는 동안
다가오는 모든 발자국은
내 가슴에 쿵쿵거린다
바스락거리는 나뭇잎 하나도 다 내게 온다
기다려 본 적이 있는 사람은 안다.
세상에서 기다리는 일처럼 가슴 에리는 일 있을까.
네가 오기로 한 그 자리, 내가 미리 와 있는 이곳에서
문을 열고 들어오는 모든 사람이
너였다가
너였다가, 너일 것이었다가
다시 문이 닫힌다
사랑하는 이여
오지 않는 너를 기다리며
마침내 나는 너에게 간다

아주 먼 데서 나는 너에게 가고
아주 오랜 세월을 다하여 너는 지금 오고 있다
아주 먼 데서 지금도 천천히 오고 있는 너를
너를 기다리는 동안 나도 가고 있다.
남들이 열고 들어오는 문을 통해
내 가슴에 쿵쿵거리는 모든 발자국 따라
너를 기다리는 동안 나는 너에게 가고 있다

—「너를 기다리는 동안」, 『게 눈 속의 연꽃』(문학과지성사, 1991)

이 시는 새로운 세상에 대한 열망이 역설로 쓰여져 있다. 시 속에서 역설은 아름답다. 새로운 세상에 대해 눈을 뜨게 한다. 1980년대를 온몸으로 밀고 간 시인들에게는 기다림이란 단어가 매우 익숙했다. 오지 않는 사람에 대하여, 세상에 대하여 언젠가 도착하리라는 믿음이 이들의 목마른 삶을 끌고 갔다.

"문학이란 '나, 당신과 통하고 싶다'는 의사소통의 인류적 본능에 의해 저질러지는 것이라고 나는 생각합니다. 제 이야기가 여러분에게 통했다면 인간은 지옥 속에서도 사는구나, 어쩌면 지옥 속의 삶에도 따뜻함이 있고 그 따뜻함이란 서로 통한다는 것이겠구나 하는 감이 전달되었을 것입니다."12)라고 황지우는 자신의 글쓰기에 대해 언급하였다. 황지우 시인에게 있어 문학이란 '지옥 같은 삶의 현장 속에서도 "가슴에 쿵쿵거리는 모든 발자국 따라" 귀를 기울이는 자'라는 것을 말하고 있다.

이성부는 그의 시 「봄」에서 "기다리지 않아도 오고 / 기다림마저

12) 황지우, 「끔찍한 모더니티」, 『황지우 문학앨범』, 웅진출판, 1995, 161쪽.

잃었을 때에도 너는 온다"고 노래했다. 민주화에 기다림은 절실한 것이었고 그 기다림이 희망으로 자리하고 있었기에 민주의 봄은 하나의 힘으로 역사적 현실로 체험되는 것이다. 이 시에서 화자는 기다림이 단순하게 수동적인 처지가 아니라 적극적임을 역설한다. 다만 그 걸음이 한 발 한 발 조심스럽게 다가오는 것이다.

곽 재 구
(郭在九, 1954~)

곽재구(郭在九) 시인은 1954년 광주광역시 동구 산수동에서 출생하여 광주 수창초등학교, 북성중학교, 광주일고, 전남대학교 국문과를 졸업하고 숭실대학교 대학원을 졸업하였다. 1981년 『중앙일보』 신춘문예에 시 「사평역(沙平驛)에서」가 당선되어 문단에 등단하였다. 이후 1980년 탄생한 『오월 시』 동인으로 활동하면서 토착적인 정서를 바탕으로 사랑과 그리움을 노래하는 시인으로 알려져 있다.

처녀시집 『사평역에서』는 고통받는 민중의 억압된 삶을 서정적으로 승화하였다. 주로 미장이·배관공·맞벌이 부부·약장수·간호사·회사원·안내양·창녀 등 주위의 약한 자들을 감싸 안으며 그들의 희망을 노래하였다. 1983년 5월 초판을 발행한 뒤 10만 부가 팔리는 스테디셀러를 기록하였다.

주요 시집으로 『사평역에서』(1983), 『전장포 아리랑』(1985), 『한국의 연인들』(1986), 『서울 세노야』(1990), 『참 맑은 물살』(1995)이 있으며, 어른을 위한 동화 『낙타풀의 사랑』(2001), 산문집 『내가 사랑한 사람 내가 사랑한 세상』(1999), 『곽재구의 포구기행』(2003), 『곽재구의 예술기행』(2003), 동화 『아기 참새 찌구』(1992), 『세상에서 제일 맛있는 자장면』 등이 있다.

김지하·황지우·이성복 등 시인 78명의 시 80편을 여행을 통해 일상의 삶과 만남을 형상화한 기행 산문집 『별밭에서 지상의 시를 읽다』(2004)가 있다. 민주화 시대를 거치면서 『서울 세노야』 이후 곽재구의 시는 폭력적인 세계에 대한 분노와 슬픔을 넘어서 인간 본래의 순수성과 사랑을 회복하려는 시도를 보여주고 있다. 남루한 현실, 힘겨운 현실을 노래하고 있음에도 불구하고 그의 시들이 아름답게 느껴지는 이유는 그 대상을 대하는 시인의 눈길에 깊은 애정이 깃들어 있기 때문이다.

막차는 좀처럼 오지 않았다.
대합실 밖에는 밤새 송이 눈이 쌓이고
흰 보라 수수꽃 눈 시린 유리창마다
톱밥 난로가 지펴지고 있었다.
그믐처럼 몇은 졸고
몇은 감기에 쿨럭이고
그리웠던 순간들을 생각하며 나는
한 줌의 톱밥을 불빛 속에 던져 주었다.
내면 깊숙이 할말들은 가득해도
청색의 손바닥을 불빛 속에 적셔 두고
모두들 아무 말도 하지 않았다.
산다는 것이 술에 취한 듯
한 두릅의 굴비 한 광주리의 사과를
만지작거리며 귀향하는 기분으로
침묵해야 한다는 것을
모두들 알고 있었다.

오래 앓은 기침 소리와
쓴 약 같은 입술 담배 연기 속에서
싸륵싸륵 눈꽃은 쌓이고
그래 지금은 모두들
눈꽃의 화음에 귀를 적신다,
자정 넘으면
낯설음도 뼈아픔도 다 설원인데
단풍잎 같은 몇 잎의 차창을 달고
밤 열차는 또 어디로 흘러가는지
그리웠던 순간을 호명하며 나는
한 줌의 눈물을 불빛 속에 던져 주었다.

—「사평역에서」, 『沙平驛에서』(창작과비평사, 1983)

1981년 『중앙일보』 신춘문예에 당선된 시로서 1983년 창작과비평사에서 발간한 첫 시집 『沙平驛에서』에 실렸다. 시인의 문단 등단작이면서도 그 시적 짜임새와 정서적 균형감각이 높이 평가되고 있다. 이 작품의 시적 배경을 이루는 것은 깊은 겨울밤 어느 시골 역의 대합실이다. 역은 사람들이 어디에서 오기도 하고 또 어디로 가는 곳이기도 하기에 문학작품에 많이 나오는 공간으로 인생 역정으로 볼 수 있는 공간이다. 여기에 나오는 '사평역'은 실제 있는 역이 아니고 상상의 역이다. 우리의 고단한 삶의 여정을 응시할 수 있게 하는 공간이라고 할 수 있다. 대합실 밖에는 눈이 내려 쌓이고 역사 유리창에는 냉기가 흘러내린다. 대합실에는 마지막 밤기차를 기다리는 사람들이 톱밥 난로 곁에 쪼그리고 앉아 있다. 그러나 좀처럼 막차는 오지 않는다. 시간적 배경으로는 자정 전후가 될 것이다.

화자는 대합실 안에 있는 사람들을 조용하게 응시하고 있다. 막차를 기다리고 있는 사람들은 모두 고단한 삶에 지쳐 있는 것처럼 보인다. 이러한 분위기는 "몇은 졸고 / 몇은 감기에 쿨럭거리"고 있는 사람들의 모습과 "오래 앓는 기침 소리와 / 쓴 약 같은 입술 / 담배 연기 속에서 / 싸륵사륵 눈꽃은 쌓이고"에서 볼 수 있다.

따라서 "내면 깊숙이 할 말들은 가득해도 / 모두들 아무 말도 하지 않았다". 화자는 그들과 함께 있으면서 현재의 삶의 무게를 묵묵히 견뎌내고 있는 사람들의 모습을 보며 연민을 느끼게 되었다. 그리고 서로 말하지 않아도 이해하며 감싸 안을 수 있게 되었다. 그리고 나의 그리운 순간들 즉, 밝고 따뜻했던 순간들을 회상하며 "한 줌의 톱밥을 불빛 속에 던져 주었다".

이 시에 나오는 시어들은 '막차', '그믐' 같은 기다림과 쓸쓸함의 이미지와 '송이눈', '눈 시린 유리창', '청색의 손바닥' 같은 차가운 이미지로 가득 차 있다. 이들의 삶의 행로는 "단풍잎 같은 몇 잎의 차창을 달고 / 밤 열차는 또 어디로 흘러가는지"로 지금까지의 쓸쓸하고 외로운 분위기가 "단풍잎"으로 시선이 모이면서 무한정 떠돎의 이미지로 그려지고 있다.

삶이란 '기차를 타고 설원을 달리는 것'과 같다. 낯설고 고통스러운 세상인 설원을 쓸쓸히 달리는 기차와 같은 것이다. 그리고 그 인생은 기차에 달린 '단풍잎' 같이 작고 초라하다. 여기서 단풍잎은 불빛에 새어 나오는 밤 기차의 유리창이다. 우리는 그러한 기차 칸에 칸칸이 달린 유리창과 같다. 그러한 삶을 살아가는 사평역의 사람들과 화자는 결국 같은 존재이다. 인생은 누구에게나 힘들고 고달픈 것이다. 그리하여 화자는 "한 줌의 눈물을 불빛 속에 던져 주"면서 함께 살아가는 의식을 획득하였다. 여기서 '눈물'은 화자가 대합실의 사람들과 공감하는 눈물이다. 그리하여 화자는 산다는 것은 결국 "술에 취한 듯 / 한 두릅의 굴비 한 광주리의 사과를 / 만지작거리며 귀향하는 기분으로 / 침묵해야 한다는 것을", 그리고 자정이 넘듯 세월이 지나면 낯설음이나 뼈아픔 같은 인생의 고통도 모두 눈 덮인 설원처럼 추억이 된다는 것을 깨닫는다.

바람처럼 이곳 바다에 섰네
어깨 너머로 본 삶은 늘 어둡고 막막하여
쓸쓸한 한 마리 뿔고둥처럼
세상의 개펄에서 포복했었네
사랑이여, 정신 없는 갯병처럼
한 죽음이 또 한 죽음을 불러일으키고
더러는 바라볼 슬픔마저 차라리 아득하여
조용히 웃네
봄가뭄 속에 별 하나 뜨고
별 속에 바람 하나 불고
산수유 꽃망울 황토 언덕을 절며 적시느니

—「어란진에서」, 『서울 세노야』(문학과지성사, 1990)

이 시에서 바다는 세상의 끝을 상징한다. 모든 곳을 지나서 마침내 도달하는 곳이다. 모든 생명의 근원인 바다에서 시인은 죽음을 만난다. "한 죽음이 또 한 죽음을 불러일으키고"라는 표현을 통해서 세상 곳곳에 깔린 죽음을 이야기한다. 하지만, 화자에게 죽음은 두려움의 대상이 아니다. 그것은 "조용히 웃"을 수 있는 충분한 경험을 가지고 있기 때문이다. 죽음은 이미 화자의 고통스러운 삶 속에서 연이어서 오고 있다. 그 죽음 앞에 뿔고둥처럼 세상의 개펄을 포복하고 있는 화자의 모습이 보인다. 슬픔마저 벗어버리고 웃는 화자의 모습을 내던지며 웃고 있는 화자의 모습 속에서 삶에 대해 일상에 대해 어떤 모습으로 살아가야 하는지를 생각하게 만든다. 화자는 죽음을 두려워하지 않고 이어지는 것으로 생각하며 조용히 웃는 모습을 보여준다. 죽음을 넘어선 자리에 별이 뜨고 바람이 불고 꽃망울을 터뜨리는 산수유를 만난다. 그것이야말로 죽음도 자연 일부일 뿐이라는 결론에 도달하게 된다.

박노해

(朴勞解, 1957.11.20~)

박노해(朴勞解) 시인은 1957년 11월 20일 전라남도 함평에서 태어났다. 본명은 박기평이다. 고흥의 동강 초등학교를 거쳐 벌교중학교를 마친 뒤 15세에 서울에 올라와 선린상업고등학교 야간부를 졸업하였다.

섬유, 화학, 건설, 금속, 운수 노동자로 일했다. '박해받는 노동자의 해방'이라는 이름 풀이를 표제어로 하는 『박노해 현상』이라는 책이 출간될 만큼 1980년 문학을 이야기할 때 항상 서두에서 논의되는 시인이다. 1991년 남한 사회주의 노동자연맹(사노맹) 사건으로 무기징역을 선고받고 1998년까지 복역하였다.

1983년 『시와경제』에 「시다의 꿈」 외 6편을 발표하며 등단했다. 『노동의 새벽』의 작품들은 직접 경험에서 오는 현장성, 노동자의 사랑과 분노 그것을 조직화하는 주체적인 노동자의 모습을 구체적으로 그리고 있다. 이 책은 100만 부 가까이 발간되었으며 당시 '잊혀진 계급'이던 천만 노동자의 목소리가 되었고, 젊은 대학생들을 노동현장으로 뛰어들게 하면서 한국 사회와 문단을 충격으로 뒤흔들었다.

시집으로 『노동의 새벽』(1983), 『머리띠를 묶으며』(1991), 『겨울이 꽃핀다』(1999), 『참된 시작』(1999) 등과, 수필집 『사람만이 희망이다』

(1997), 『오늘은 다르게』(1999) 등을 간행하였다.

그의 시는 1987년 '6월 민주항쟁'의 승리를 지펴낸 하나의 불꽃이 되어, '시의 힘'이 무엇인지를 역사 속에 보여준 생생한 사례가 되었다. 『머리띠를 묶으며』에 이르기까지 초기 시 세계는 현실의 사회 제도와 이념에 대한 분노와 저항을 투쟁적이고 선동적으로 보여주었다.

또한, 수필집 『사람만이 희망이다』 이후에는 생명과 포용과 화해의 길을 찾으려는 시도를 보여주고 있다. 이러한 큰 변화에도 불구하고 그의 시에는 '체험과 성찰', '대결', '윤리'라는 공통점을 가지고 있다.

전쟁 같은 밤일을 마치고 난
새벽 쓰린 가슴 위로
차거운 소주를 붓는다
아
이러다간 오래 못 가지
이러다간 끝내 못 가지

설은 세 그릇 짬밥으로
기름투성이 체력전을
전력을 다 짜내어 바둥치는
이 전쟁 같은 노동일을
오래 못 가도
끝내 못 가도
어쩔 수 없지

탈출할 수만 있다면,
진이 빠져, 허깨비 같은
스물아홉의 내 운명을 날아 빠질 수만 있다면
아 그러나
어쩔 수 없지 어쩔 수 없지
죽음이 아니라면 어쩔 수 없지
이 질긴 목숨을,
가난의 멍에를,
이 운명을 어쩔 수 없지

늘어쳐진 육신에
또다시 다가올 내일의 노동을 위하여
새벽 쓰린 가슴 위로
차거운 소주를 붓는다
소주보다 독한 깡다구를 오기를
분노와 슬픔을 붓는다

어쩔 수 없는 이 절망의 벽을
기어코 깨뜨려 솟구칠
거치른 땀방울, 피눈물 속에
새근새근 숨쉬며 자라는
우리들의 사랑
우리들의 분노
우리들의 희망과 단결을 위해
새벽 쓰린 가슴 위로

차거운 소주잔을
돌리며 돌리며 붓는다
노동자의 햇새벽이
솟아오를 때까지

—「노동의 새벽」, 『노동의 새벽』(풀빛, 1984)

이 시는 노동자의 신산한 삶과 그것을 이겨내는 모습을 힘 있는 목소리로 들려주고 있다.

1연에서는 비극적인 노동의 현실을 이야기하고 있다. "전쟁 같은 밤일"은 화자가 처한 노동의 현실을 상징한다. 이 시의 제목에서 상징하듯이 "노동"은 '현실의 고통과 절망'을 의미하며 "새벽"은 고통스러운 현실 속에서도 희망과 사랑을 지피려는 결연한 의지를 상징한다.

2연에 오면 열악한 노동의 현실에 대한 체념이 드러난다. "설은 세 그릇 짬밥"이었던 당시 노동자의 실상에서 "어쩔 수 없지"라면서 체념하고 비관하는 태도가 나타난다.

3연에서는 고통스러운 현실에서 벗어나고자 하는 갈망과 "죽음이 아니라면 어쩔 수 없"다고 체념하는 현실과의 사이에서의 갈등이 드러난다.

4연에서는 반복되는 끔찍한 현실을 드러내는 "내일의 노동을 위하여" 화자는 쓰린 가슴 위로 "차거운 소주를 붓"지만 화자를 지탱하는 힘은 소주보다 강한 "깡다구"와 "오기"이다. 여기에서 '슬픔'이 갈등의 연속이었다면 '분노'는 체념을 넘어서는 힘이 되어 시상의 전환을 이룬다. 5연에서는 "차거운 소줏잔을 / 돌리며 돌리며 붓는다 / 노동자의 햇새벽이 / 솟아오를 때까지"를 되풀이하면서 부당한 노동자의 현실을 극복하고자 하는 의지를 보여준다. 이 시는 화자가 열악한 노동 현실에 절망하지만, 그 절망을 오기로 극복하고 그것을 바탕으로 절망적인 극한의 현실을 극복하고자 한다. 노동자의 관점에서 노동의 현실을 일상어로 표현하면서 절망적인 노동 현실을 이겨내려는 의지와 희망을 이야기하였다.

아홉 살 소년 아마드는
무너진 골목길로 뛰어들며 외쳤다

죽은 척해야 해요!
살아남으려면 죽은 척해야 해요

귀청을 찢는 총성이 울리고
으르렁거리는 탱크 소리가 가까워 왔다

미군들이 문을 두드렸고
아빠에게 총을 쏘았어요
부엌으로 피한 우리 가족 모두를
총으로 쏘았어요
저만 엄마 밑에서 살아 남았어요

그러니 죽은 척해야 해요
여기 엎드려 죽은 척해야 해요
내가 올 때까지 꼼짝 말고 죽은 척
엎드려 있어야 해요

아홉 살 아마드는 몇 번이나
눈을 크게 뜨고 외치더니
그 작은 손에 돌멩이를 쥐고 미군 탱크를 향해 달려나가는 거였다.

—「팔루자의 아마드」, 『그러니 그대 사라지지 말아라』(느린 걸음, 2010)

이 시는 제3국의 아이들이 분쟁의 현장에서 죽음의 공포와 싸우는 이야기를 그리고 있다. 노동해방을 부르짖었던 박노해 시인은 전쟁과 가난으로부터 죽음의 공포를 겪는 제3국의 아이들과 노동자에게 시선을 돌린다. 그는 '사노맹 사건'으로 옥에 갇혔다가 출감한 후 자신의 투쟁이 현실 에서 무력하다는 것을 깨달으며 패배를 인정한다. 이후 시인은 세계를 돌면서 분쟁의 현장을 경험 하였다. 이런 경험이 이 시에는 잘 녹아 있다. 이런 경험 속에서 만나는 공간은 "소년 아마드"가 사는 곳이며 무너진 골목길이고 죽은 척 해야만 살 수 있는 공간이다. 박노해의 시집인 『노동의 새벽』과 『참된 시작』에서 만날 수 있었던 가진 자와 못가진 자의 이분법적인 시각이 이 시에서도 나타난다. 미군과 제3국의 아이들은 가해자와 피해자의 자리에서 강하게 대립하고 있다. 하지만 이 시는 시인이 자신이 분쟁의 현장성에 직접 보고 들은 상황이 그대로 울림이 되고 있다. "저만 엄마 밑에서 살아남았어요"라는 화자의 고백을 통해서 현장성이 얼마나 큰 힘으로 오는지는 알게 한다. 이 시는 제3국의 아이들이 분쟁의 현장에서 죽음의 공포와 싸우는 이야기를 그리고 있다. 노동해방을 부르짖었던 박노해 시인은 전쟁과 가난으로부터 죽음의 공포를 겪는 제3국의 아이들과 노동자에게 시선을 돌린다. 그는 '사노맹 사건'으로 옥에 갇혔다가 출감한 후 자신의 투쟁이 현실 에서 무력하다는 것을 깨달으며 패배를 인정한다. 이후 시인은 세계를 돌면서 분쟁의 현장을 경험했다. 이런 경험이 이 시에는 잘 녹아 있다. 이런 경험 속에서 만나는 공간은 "소년 아마드"가 사는 곳이며 무너진 골목길이고 죽은 척 해야만 살 수 있는 공간이다. 박노해의 시집인 『노동의 새벽』과 『참된 시작』에서 만날 수 있었던 가진 자와 못가진 자의 이분법적인 시각이 이 시에서도 나타난다. 미군과 제3국의 아이들은 가해자와 피해자의 자리에서 강하 게 대립하고 있다. 하지만 이 시는 시인이 자신이 분쟁의 현장성에 직접 보고 들은 상황이 그대로 울림이 되고 있다. "저만 엄마 밑에서 살아남았어요"라는 화자의 고백을 통해서 현장성이 얼마나 큰 힘으로 오는지는 알게 한다. 이 시는 제3국의 아이들이 분쟁의 현장에서 죽음의 공포와 싸우는 이야기를 그리고 있다. 노동해방을 부르짖었던 박노해 시인은 전쟁과 가난으로부터 죽음의 공포를 겪는 제3국의 아이들과 노동자에게 시선을 돌린다. 그는 '사노맹 사건'으로 옥에 갇혔다가 출감한 후 자신의 투쟁이 현실 에서 무력하다는 것을 깨달으며 패배를 인정한다. 이후 시인은 세계를 돌면서 분쟁의 현장을 경험 하였다. 이런 경험이 이 시에는 잘 녹아 있다. 이런 경험 속에서 만나는 공간은 "소년 아마드"가 사는 곳이며 무너진 골목길이고 죽은 척 해야만 살 수 있는 공간이다. 박노해의 시집인 『노동의 새벽』과 『참된 시작』에서 만날 수 있었던 가진 자와 못 가진 자의 이분법적인 시각이 이 시에서도 나타난다. 미군과 제3국의 아이들은 가해자와 피해자의 자리에서 강하게 대립하고 있다. 하지만 이 시는 시인이 자신이 분쟁의 현장성에 직접 보고 들은 상황이 그대로 울림이 되고 있다. "저만 엄마 밑에서 살아남았어요"라는 화자의 고백을 통해서 현장성이 독자에게 얼마나 큰 울림으로 오는지는 알게 한다.

고 정 희

(高靜熙, 1948~1991)

고정희(高靜熙) 시인은 1948년 전남 해남에서 태어났다. 본명은 고성애다. 1975년 『현대 시학』에 추천되어 문단 활동을 시작하였다. 한국 신학대학을 졸업하였으며 『전남일보』 기자와 광주 YWCA 대학생부 간사, 크리스천아카데미 출판부 책임간사와 가정법률상담소 출판부장을 역임하였다. 허형만(許炯萬)·김준태(金準泰)·장효문(張孝文)·송수권(宋秀權) 등과 함께 『목요시』 동인으로 활동하였고, 『여성신문』 초대 편집주간을 역임하기도 했다. 1991년 6월 9일 불의의 사고로 영면하였다.

시집 『누가 홀로 술틀을 밟고 있는가』(1979), 『실락원 기행』(1982), 『초혼제』(1983), 『이 시대의 아벨』(1983), 『눈물꽃』(1985), 『지리산의 봄』(1987), 『저 무덤 위에 푸른 잔디』(1989), 『광주의 눈물비』(1990), 『여성해방출사표』(1990), 『아름다운 사람 하나』(1990) 등을 출간하였다. 1992년 유고시집 『모든 사라지는 것들은 뒤에 여백을 남긴다』가 출간되었다.

고정희 시인의 시 세계는 기독교적 세계관을 바탕을 둔 역사 인식과 여성주의적 시 세계를 탐구하여 우리 문학사에서 페미니즘의 새로운 장을 열었다는 평가를 받는다.

상한 갈대라도 하늘 아래선
한 계절 넉넉히 흔들리거니
뿌리 깊으면야
밑둥 잘리어도 새순은 돋거니
충분히 흔들리다 상한 영혼이여
충분히 흔들리며 고통에게로 가자

뿌리 없이 흔들리는 부평초 잎이라도
물 고이면 꽃은 피거니
이 세상 어디에서나 개울은 흐르고
이 세상 어디서나 등불은 켜지듯
가자 고통이여 살 맞대고 가자
외롭기로 작정하면 어딘들 못가랴
가기로 목숨 걸면 지는 해가 문제랴

고통과 설움의 땅 훨훨 지나서
뿌리 깊은 벌판에 서자
두 팔로 막아도 바람은 불 듯
영원한 눈물이란 없느니라
영원한 비탄이란 없느니라
캄캄한 밤이라도 하늘 아래선
마주잡을 손 하나 오고 있거니.

—「상한 영혼을 위하여」, 『이 시대의 아벨』(문학과지성사, 1983)

이 시는 기독교 사상을 바탕으로 쓰였다. 신이 우리에게 부여한 지고지순한 가치인 생명이 얼마나 귀한 존재인가를 보여준다. 아무리 상한 영혼이라도 그 삶에 대한 투쟁과 어려움과 고통을 이겨내는 삶에 대한 가치와 의미를 조명하고 있다. 이를 통하여 상처받은 사람들에 대해 깊은 위로와 격려를 보낸다. 위태로운 삶을 사는 사람에게 가장 큰 위로는 희망이다. 희망을 통해서 상한 영혼들은 용기를 얻고 새로운 삶에 대해 모색하는 시간을 갖는다. 이 시가 실린 시집 『이 시대의 아벨』에서 아벨은 권력과 폭력에 희생당하는 사람들을 상징하고 있다. 이 시에서 상한 영혼 아벨과 같은 사람들을 의미한다. 이런 상처를 치료해주고 극복하는 힘을 보여주면서 "하늘"의 존재를 드러낸다. 하늘 아래에서 상한 갈대는 밑둥이 잘리는 고통 속에서도 재생의 꿈을 잃지 않을 수 있다.

1연에서 삶에 대한 강한 의지와 고통과 고난에 대해 맞서는 자세를 적극적으로 나타낸 이 시는 청유형의 시어를 사용함으로써 적극적인 수용의 자세를 보여주고 있다. 2연에서는 고통을 적극적으로 맞서고 받아들임으로써 3연에 이르러 더욱 커지고 단단해진다. 고통과 설움의 땅을 지나서 "뿌리 깊은 벌판"에 서게 된다. 뿌리 깊은 벌판은 존재가 자신을 증명하는 공간이며 마주잡을 손 하나를 만나는 공간이다. "캄캄한 밤이라도 하늘 아래선 / 마주 잡을 손 하나 오고 있거니."라는 표현을 통해서 메시아의 도래가 현재 진행되고 있음을 노래한다.

무덤에 잠드신 어머니는
선산 뒤에 큰 여백을 걸어두셨다
말씀보다 큰 여백을 걸어두셨다
석양 무렵 동산에 올라가

적송밭 그 여백 아래 앉아 있으면
서울에서 묻혀온 온갖 잔소리들이
방생의 시냇물 따라
들 가운데로 흘러흘러 바다로 들어가고
바다로 들어가 보이지 않는 것은 뒤에서
팽팽한 바람이 멧새의 발목을 툭, 치며
다시 더 큰 여백을 일으켜
막막궁산 오솔길로 사라진다

오 모든 사라지는 것들 뒤에 남아있는
둥근 여백이여 뒤안길이여
모든 부재 뒤에 떠오르는 존재여
여백이란 쓸쓸함이구나
쓸쓸함 또한 여백이구나
그리하여 여백이란 탄생이구나

나도 너로부터 사라지는 날
내 마음의 잡초 다 스러진 뒤
네 사립에 걸친 노을 같은, 아니면
네 발 아래로 쟁쟁쟁 흘러가는 시냇물 같은
고요한 여백으로 남고 싶다
그 아래 네가 앉아 있는

—「모든 사라지는 것들은 뒤에 여백을 남긴다」, 『모든 사라지는 것들은 뒤에 여백을 남긴다』(창작과비평사, 1992)

이 시는 유고시집 『모든 사라지는 것들은 뒤에 여백을 남긴다』의 외경 읽기 연작으로 실려 있다. 외경은 가톨릭에서 구약성서에는 들어가지 못했지만 같은 권위로 인정하는 경전으로 쓰이는 것을 말한다. 이런 외경 읽기에서 정경에 들어가지 못하지만, 같은 크기의 무게를 지닌 비밀스러운 목소리를 드러내고자 한다. 이 시는 기존에 보여준 탈 식민주의적 목소리와 페미니즘의 입장이 격한 목소리로 나타났던 다른 작품에 비해서 매우 차분하고 성숙한 목소리를 보여주고 있다. 이 시에서 모성은 여백으로 그려진다. 모성의 크기는 우주적으로 크다는 것을 이 시를 통해서 알 수 있다.

1연에서 "무덤에 잠드신 어머니는 / 선산 뒤에 큰 여백을 걸어두셨다"는 시구를 통해서 시인은 어머니가 세상을 품는 존재라는 것을 이야기한다. 어머니의 부재가 단순한 없음이 아니라 커다란 여백을 남겨둔 것임을 깨닫는다. 어머니가 남겨주신 여백, 즉 자연의 큰 흐름 속에 세상의 온갖 어지러운 소리들을 내보내게 된다. 2연에서 시인은 "그리하여 여백이란 탄생이구나"라는 깨달음을 통해 여백은 새로운 의미로 거듭나게 된다. 3연에서 화자는 고요한 여백으로 남고 싶다는 꿈을 갖게 되면서 모성으로 충만한 세상을 꿈꾸게 된다. 유고시집 『모든 사라지는 것들은 뒤에 여백을 남긴다』는 이전에 보여주었던 여성해방의 시각에서 나아가 인간의 본질적인 고통을 연민하고 품어 안는 모성의 큰 세계를 보여주고 있다.

1990~2000년대 남도의 시문학사

1990년대 한국 현대시의 큰 흐름은 1970년대의 개발 독재와 1980년대의 군사 독재 시기를 거치면서 생성되었던 거대 담론이 약화되고, 상대적으로 개인 서정으로 자리를 옮겨가는 시기였다. 서구의 냉전 시대의 마감과 더불어 국내에는 문민정부가 들어서면서 정치적 상상력을 바탕으로 목소리를 냈던 시들은 개인 서정을 표방하는 시에 많은 자리를 내주게 되었다. 그런 움직임은 한국 현대시에 개인의 실존과 문화적 경험을 중요하게 여기게 하였다. 이런 움직임은 다양한 주제를 가지고 인간의 삶을 들여다보게 하였다.

생명에 대한 새로운 시선, 생태 환경에 대한 인식, 여성성에 대한 시적 모색, 정신주의를 바탕으로 한 시의 실험 등 전에 볼 수 없었던 인식의 다원화를 가져왔다. 이런 변화는 시문학뿐만 아니라 문화 전반에 걸쳐 일어나는 일이었다. 특히 생태시, 여성시, 정신주의시 등은 1990년대 시문학에서 확연하게 두드러졌다.

이런 문화의 구조적 변화는 1990년대에 들어서면서 한국 사회에 풀뿌리 민주주의 시대가 열린 것과 2000년에 들어서면서 모든 국민의 일상생활의 구석구석을 바꿔버린 정보화 시대의 물리적 환경이 구축됨으로써 문단에 있어서 지방과 중앙의 경계가 무너졌으며, 문학적 대상에 대한 인식의 다양한 시각을 갖게 되었다. 특히 인터넷의 활성화는 소통에 있어서 시 공간의 거리를 없애버림으로써 지역과 중앙의 경계를 허무는 중요한 역할을 하였다. 이런 배경을 바탕으로 각 지역에 활동하는 시문학 동인 및 여러 지역 출판사들의 태동은 더욱 활발해졌으며, 지역 시문학의 새로운 시작을 알리는 계기가 되었다. 이를 통해서 지역 문인들이 대거 등단하게 되었고 지역 문인들의 활동이 중앙을 변화시키는 일도 생기게 되었다.

이런 다양한 시각을 바탕으로 여러 출판사와 잡지가 등장하였다. 1990년대 들어선 이런 변화는 한국 시문학에 매우 유익한 결과를 가져다주었다. 문화체육부의 신설과 문예 진흥 보조, 1996년 문학의 해 선포 등은 문학 저 이슈를 제공했고, 많은 사람이 문학에 관심을 갖게 했다. 창작자의 증가도 대폭적으로 늘어난 것은 이런 사회적 분위기와 맥락을 같이 하고 있다. 이런 분위기 속에서 1992년 『문학춘추』 발간, 1996년 계간 『시와 사람』, 2005년 『문학들』 간행 등 지역 잡지가 탄생하여 광주 전남 지방의 문인들에게 작품 발표의 기회를 준 것은 물론 신인 발굴의 새로운 장을 열었다. 이를 통해서 새로운 시인들이 대거 등장했다. 광주 전남 문학의 새로운 장을 열어가고 있다. 특히 이들 잡지는 지역에서 발행되고 있지만, 전국 잡지와 비교해 보아 손색이 없다는 평가를 받고 있다.

또한 각 지방 대학의 문학창작학과의 활발한 교육도 주목할 만한 하였다. 문예창작학과의 신설과 교수진 및 학과를 통해 배출된 시인문학의 참여는 호남 시문학사를 매우 풍부하게 하였다. 전남대학교 노철, 조선대학교 백수인·나희덕, 광주대학교 신덕룡·이은봉, 목포대학교 허형만·김선태, 순천대학교 오성호 등의 교수들이 활발하게 후학을 길러내고 있다.

2000년대의 호남의 시문학은 현재 진행행이며, 예측할 수 없을 만큼 다양하게 성장하고 있다. '전남 문인협회'의 『전남문학』과 '광주문인협회', 『광주문학』을 '작가협회'의 『작가』지가 발행되어 이 지방 문학 활동의 견인차 역할을 담당하고 있다. 이 속에서 호남 시문학은 다채로운 빛깔로 다양한 언어의 풍경을 펼쳐 보이고 있다.

김 용 택

(金龍澤, 1948.08.26~)

김용택(金龍澤) 시인은 1948년 전북 임실군 진메마을에서 출생하였다. 1982년 창작과비평사의 21인 신작 시집에 「꺼지지 않는 횃불로」·「섬진강」 등 9편의 시를 발표하면서 문단에 등단했다. 초등학교 교사로 지내는 동안 자신의 모교이기도 한 임실 운암초등학교 마암분교(현 마암초등학교)에서 어린이들을 가르치며 시를 썼다. 교직에 있는 동안 가르치는 아이들의 시를 모아 펴내기도 하였다.

시집으로는 『섬진강』, 『누이야 날이 저문다』, 『꽃산 가는 길』, 『그리운 꽃편지』, 『그대, 거침없는 사랑』, 『강같은 세월』, 『그 여자네 집』, 『나무』, 『연애시집』, 『그래서 당신』, 『키스를 원하지 않는 입술』 등이 있고, 산문집 『섬진강을 따라가며 보라』, 『그리운 것들은 산 뒤에 있다』, 장편동화 『옥이야 진메야』 등이 있다.

김용택 시인은 섬진강 시인으로 알려져 있다. 초기의 대부분의 시가 섬진강을 소재로 하여 쓰였다. 섬진강을 통해서 고향과 고향 사람의 이야기를 하였으며 그것을 통해서 시대의 아픔과 인생의 질곡을 서정적인 언어로 노래했다. 그의 시는 소박한 민중들의 삶을 진실하게 보여주고 있으며, 한국 시의 전통과 서정을 잇는 깨끗하고 아름다운 언어를 사용하여 독자에게 감동을 준다는 평을 받는다.

가문 섬진강을 따라가며 보라
퍼 가도 퍼 가도 전라도 실핏줄 같은
개울물들이 끊기지 않고 모여 흐르며
해 물면 저무는 강변에
쌀밥 같은 토끼풀꽃,
숯불 같은 자운영꽃 머리에 이어주며
지도에도 없는 동네 강변
식물도감에도 없는 풀에
어둠을 끌어다 죽이며
그을린 이마 훤하게
꽃등도 달아 준다
흐르다 흐르다 목메이면
영산강으로 가는 물기를 불러
뼈 으스러지게 그리워 얼싸안고
지리산 뭉툭한 허리를 감고 돌아가는
섬진강을 따라가며 보라
섬진강물이 어디 몇 놈이 달려들어
퍼낸다고 마를 강물이더냐고,
지리산이 저문 강물에 얼굴을 씻고
일어서서 껄껄 웃으며
무등산을 보며 그렇지 않느냐고 물어 보면
노을 띤 무등산이 그렇다고 훤한 이마 끄덕이는
고갯짓을 바라보며
저무는 섬진강을 따라가며 보라
어디 몇몇 애비 없는 후레자식들이

퍼 간다고 마를 강물인가를.

—「섬진강1」, 『섬진강』(창작과비평사, 1985)

이 시는 고통스러운 삶을 살아가는 민중들에게 강이 어떤 위로를 주는가를 보여주고 있다. 삶의 위로가 되는 강을 그려낸 이 시는 "가문 섬진강을 따라가며 보라"는 제안으로 시작한다. 이 제안으로부터 독자는 화자의 목소리에 관심을 가진다. 이 시를 끌고 가는 것은 섬진강에 대한 정보보다는 섬진강은 어떤 강인가에 대한 호기심이 더 크다고 할 수 있다. "퍼가도 퍼가도"의 구문을 통해서 섬진강은 어머니의 강임을 알게 하면서 섬진강을 바라보는 화자의 정서를 알게 한다. 화자에게 섬진강은 고향이며 어머니의 품 같은 것이다. 1연에서 제시된 "쌀밥 같은 토끼풀꽃, 숯불 같은 자운영꽃"이 2연에서 "그을린 이마 훤하게 꽃등도 달아준다"는 시구를 불러온다. 앞에서 전제를 깔고 뒤에서 그 상황을 불러들이는 작법을 통해서 시의 흐름이 주제를 향해 가고 있음을 알 수 있다. 마지막 연에서 "어디 몇 놈이 달려들어 퍼낸" 상황과 "어디 몇몇 애비 없는 후레자식들이 퍼"내는 섬진강을 둘러싼 위험한 존재들의 등장이 강의 크기와 깊이를 확대해 준다.

그대 정들었으리.
지는 해 바라보며
반짝이는 잔물결이 한없이 밀려와
그대 앞에 또 강 건너 물가에
깊이 깊이 잦아지니
그대, 그대 모르게

물 깊은 곳에 정들었으리.
풀꽃이 피고 어느새 또 지고
풀씨도 지고
그 위에 서리 하얗게 내린
풀잎에 마음 기대며
그대 언제나 여기까지 와 섰으니
그만큼 와서 해는 지고
물 앞에 목말라 물 그리며
서러웠고 기뻤고 행복했고
사랑에 두 어깨 깊이 울먹였으니
그대 이제 물 깊이 그리움 심었으리.
기다리는 이 없어도 물가에서
돌아오는 저녁길
그대 이 길 돌멩이, 풀잎 하나에도
눈익어 정들었으니
이 땅에 정들었으리.
더 키워나가야 할
사랑 그리며 하나둘 불빛 살아나는 동네
멀리서 그윽이 바라보는
그대 야윈 등,
어느덧
아름다운 사랑 젊어졌으리.

—「섬진강3」, 『섬진강』(창작과비평사, 1985)

이 시는 섬진강의 잔물결만큼이나 계속되는 반복을 통해서 섬진강을 통한 사랑을 이야기한다. 이 시의 첫 행에서 시작되는 "그대 정들었으리."의 문구는 계속해서 되풀이되고 있다. "정"이 들기 위해서는 수 없는 마주침이 가까운 거리의 돌봄이 있어야 한다는 것을 반복을 통해서 이 시는 보여주고 있다. 그 정이 섬진강을 살아가는 사람에게 위로가 되고 힘이 되고 야윈 등을 가진 이에게 아름다운 사랑을 짊어질 힘으로 이어짐을 보내고 있다.

"그대 ~하였으리"의 구문들이 시 전체를 통해서 반복되고 있으며 이 반복을 통해서 섬진강의 깊이와 물결 환경 하나하나를 가깝게 느끼게 한다. 물에 젖듯이 "그대, 그대 모르게 / 물 깊은 곳에 정들었으리."라는 문장에서 화자는 섬진강이 깊어지는 것은 "우리가 더 키워나가야 할 / 사랑"이 있기 때문이라는 것을 알려준다. "하나둘 불빛 살아나는 동네"는 희망으로 다가온다. 이런 희망은 "어느덧 / 아름다운 사랑을 짊어"진 "그대의 야윈 등"이 있기에 현실의 공간에서 실현된다. 섬진강 시편을 통해서 시인은 아름다운 시적 공간을 펼쳐 보인다.

고 재 종

(高在鍾, 1959.05.30~)

고재종(高在鍾) 시인은 1959년 전남 담양군 수북면 궁산리에서 태어났다. 담양농업고등학교를 중퇴하였다. 1984년 농민으로 생활을 하던 중 실천문학사의 신작 시집 『시여 무기여』에 「동구밖집 열두 식구」를 발표하면서 문단 활동을 시작하였다. 이후 1985~1995년까지 농사를 지으며 시를 쓰고 농민운동을 하였다. 광주에서 문학 강의를 하며 많은 시인을 배출하였다.

시집으로는 『바람부는 솔숲에 사랑은 머물고』(실천문학사, 1987), 『새벽 들』(창작과비평사, 1989), 『쌀밥의 힘』(푸른나무, 1991), 『사람의 등불』(실천문학사, 1992), 『날랜 사랑』(창작과비평사, 1995), 『사람의 길은 하늘에 닿는다』(문학동네, 1996), 『앞강도 야위는 이 그리움』(문학동네, 1997), 『그때 휘파람새가 울었다』(시와시학사, 2001), 『쪽빛 문장』(문학사상사, 2004)이 있다.

고재종 시인은 초기 농민시로 부터 최근의 자연 생태적인 시까지 시에 대한 치열한 고민과 열정을 잃지 않고 쉬지 않고 시 작업을 계속해 오고 있다. 자연과의 물아일체적(物我一體的) 상상력과 삶에 대한 자세를 흐트러뜨리지 않고 생명에 대한 지고지순한 존중과 애정을 시를 통해서 보여주고 있다.

바람 치는 날이면
저물녘이면
나무는 제 가지를 윙윙 울리어
얼어붙는 꽃자리를 깨우던 것이

눈 내리는 날이면
새벽녘이면
떡가루 붓듯하는 눈발을 입고
순은의 눈꽃송이 피우던 것이

잉걸처럼 이글거리는
마음 날에는
참새 외톨 날아앉는 그 무게로도
가지는 그렇게 휘이더니만

쓸쓸하고 그립고 외롭기로야
그 무엇보다 한 뼘쯤은 더 높아서는

대한 지나 장독 깨는 추위를 밀고
가까스로 터뜨린
연분홍 몇 점!

네가 없어 홀로 보는
그 꽃 속에서
오늘은 한 시인이 태어나느니

정녕코 씩씩하긴 씩씩하여서
내 사랑도 향기 넘쳐
네게 닿으리

—「매화곁에서」, 『앞강도 야위는 이 그리움』(문학동네, 1997)

이 시는 고재종 시인이 사는 전라남도 담양 숲의 정취를 눈앞에 그리고 있다. 자연은 고재종 시인의 시 전체에서 가장 중요한 자리를 차지하고 있는 시적 소재이다. 농민시로 출발해서 생명사상으로 충일해 있는 그의 시에서는 자연과의 합일을 빼놓을 수 없다. 고재종 시인의 시에서 자연은 단순한 자연 찬미가 아니라 자연을 통해서 사람의 길을 모색하고 있음을 알 수 있다. 이 시에서 고재종 시인은 "얼어붙는 꽃자리를 깨우던 것"으로 시작한다. 날이 갈수록 꽁꽁 얼어붙은 인간의 마음자리를 들여다볼 수 있는 구절이다. 온기를 잃어버린 겨울 한복판에서 시인은 겨울을 나는 나무의 자리를 "쓸쓸하고 그립고 외롭기로야 / 그 무엇보다 한 뼘쯤은 더 높"게 보면서 시인을 낳는 자리까지 끌어 올린다. 물활론적인 상상력을 통해서 모든 자연물과의 무한한 교감이 시인의 목소리를 더욱 깊이 있게 만든다. "대한 지나 장독 깨는 추위를 밀고" 눈을 뜨는 꽃은 온갖 가난과 신산한 삶을 견디면서 쓴 시인의 시와 같은 것으로 읽힌다. 꽃을 사랑의 결실로 보고 그 사랑이 꽃을 피우고 향기를 퍼뜨릴 때 매화 곁에서 살아가는 시인의 향기를 뿜어낸다.

얼음 풀린 냇가
세찬 여울물 차고 오르는
은피라미떼 보아라

산란기 맞아
얼마나 좋으면
혼인색으로 몸단장까지 하고서
좀더 맑고 푸른 상류로
발딱발딱 배 뒤집어 차고 오르는
저 날씬한 은백의 유탄에
봄햇발 튀는구나

오호, 흐린 세월의 늪 헤쳐
깨끗한 사랑 하나 닦아 세울
날랜 연인아 연인들아

—「날랜사랑」, 『날랜사랑』(창작과비평사, 1995)

이 시는 은피라미 떼의 생태를 생동감 있게 그리고 있다. 산란기에 이른 은피라미 떼의 짝짓기가 봄 햇살을 튀게 한다. 생명이 얼마나 빠르고 거침이 없는지를 날랜 사랑으로 보여준다. 이런 모습을 통해서 이기적이고, 짝짓기마저 물질로 재기만 하는 인간의 모습을 들여다보게 한다. "얼음 풀린 냇가 / 세찬 여울물 차고 오르는 / 은피라미 떼 보아라"고 청유형 어미를 사용하여 독자를 불러 세운다. 이런 자신감으로 흥청거리는 은피라미 떼의 짝짓기 대하여 시인은 자연의 경이를 만난다. 2연에서 시인은 이러한 울림이 사실은 우리의 이야기임을 말한다. "깨끗한 사랑 하나 닦아 세울 / 날랜 연인아 연인아"를 호명하며 야위어가는 강물 앞에서 자연과의 혼연일체를 깨달았던 시인의 외침이 여기에서 빛을 발하고 있다.

나 희 덕

(羅喜德, 1966.02.08~)

나희덕(羅喜德) 시인은 1966년 충청남도 논산에서 태어났다. 연세대학교 국어국문학과와 동대학원을 졸업하였다. 조선대학교 문예창작학과 교수(2001~)로 재직 중이다.

1989년 중앙일보 신춘문예에 시 「뿌리에게」가 당선되어 문단 활동을 시작하였다. '시힘' 동인으로 활동하고 있다. 시집으로 『뿌리에게』(창작과비평사, 1991), 『그 말이 잎을 물들였다』(창작과비평사, 1994), 『그곳이 멀지 않다』(민음사, 1997), 『어두워진다는 것』(창작과비평사, 2001), 『사라진 손바닥』(문학과지성사, 2004), 『야생사과』(창비, 2009), 『말들이 돌아오는 시간』(문학과지성사, 2014)이 있다.

나희덕 시인의 시는 생명에 대한 연민과 믿음으로 가득 차있다. 나와 너의 경계를 넘어선 모성으로 자신만의 시 세계를 구축하고 있다. 거기에는 자신에게는 엄격하고 타인에게는 한없이 따뜻한 외유내강의 자세가 깃들어 있다. 반성과 사유로부터 출발하여 세상의 상처를 감싸 안고 고통을 싸매줄 때 시의 울림이 커지는 것을 발견할 수 있다.

깊은 곳에서 네가 나의 뿌리였을 때

나는 막 갈구어진 연한 흙이어서
너를 잘 기억할 수 있다
네 숨결 처음 대이던 그 자리에 더운 김이 오르고
밝은 피 뽑아 네게 흘려보내며 즐거움에 떨던
아 나의 사랑을

먼우물 앞에서도 목마르던 나의 뿌리여
나를 뚫고 오르렴,
눈부셔 잘 부스러지는 살이니
내 밝은 피에 즐겁게 발 적시며 뻗어가려무나

척추를 휘어접고 더 넓게 뻗으면
그때마다 나는 착한 그릇이 되어 너를 감싸고,
불꽃 같은 바람이 가슴을 두드려 세워도
네 뻗어가는 끝을 하냥 축복하는 나는
어리석고도 은밀한 기쁨을 가졌어라

네가 타고 내려올수록
단단해지는 나의 살을 보아라
이제 거무스레 늙었으니
슬픔만 한 두릅 꿰어 있는 껍데기의
마지막 잔을 마셔다오

깊은 곳에서 네가 나의 뿌리였을 때
내 가슴에 끓어오르던 벌레들,

그러나 지금은 하나의 빈 그릇,

너의 푸른 줄기 솟아 햇살에 반짝이면

나는 어느 산비탈 연한 흙으로 일구어지고 있을 테니

—「뿌리에게」, 『뿌리에게』(창작과비평사, 1991)

이 시는 나희덕 시인의 등단작이며 가장 널리 알려진 작품이다. 나희덕 시인의 첫 시집 『뿌리에게』를 통해서 모성을 바탕으로 한 상상력이 돋보이는 시 세계를 펼쳐 보였다.

이 시에서는 "막 갈구어진 연한 흙"으로 상징되는 대지가 상징하고 있는 모성의 희생적인 모습과 커다란 포용의 성질이 잘 나타나고 있다. 시적 화자를 나무가 아닌 흙으로 설정하여 모성을 상징하고 있는 흙이 자식과도 같은 나무에 건네는 무한한 희생적인 사랑을 보여 준다.

1연에서 "밝은 피 뽑아 네게 흘려보내며 즐거움에 떨던"이라는 구절을 통해서 흙의 희생이 단순한 희생이 아니라 즐거움이라는 것을 강조하고 있다. 희생이 즐겁고 아름다울 수 있는 것은 모성성이 발휘되기 때문이다. 아이에게 젖을 주는 어머니의 기쁨을 이 시에서는 흙이 나무뿌리에게 영양분을 주는 것으로 표현되었다.

"먼우물 앞에서도 목마르던" 뿌리는 갈증에 시달리는 존재다. 뿌리는 물을 나무의 우듬지까지 뽑어 올리는 존재이기 때문이다. "즐겁게 발 적시며 뻗어가려무나"라는 청유형 표현과 "어리석고도 은밀한 기쁨을 가졌어라"는 자기 고백을 통해서 흙의 존재 이유를 나무를 키워내는 것임을 보여 준다. 나무뿌리의 가치와 흙의 가치가 만났을 때 기쁨이 솟는 황홀의 경지를 만난다. "슬픔만 한 두릅 꿰어 있는 껍데기의 / 마지막 잔"까지 마셔달라고 하는 어머니 대지의 모습은 마지막 잔을 제자들에게 따라주는 메시아의 모습을 떠올리게 하는 구절이다. 이런 희생을 통해서 영원한 생명을 맞이하는 기독교적인 희생의 모습을 찾을 수 있다. "그러나 지금은 하나의 빈 그릇"으로 남아 있는 흙은 "어느 산비탈 연한 흙으로 일구어지고 있을 테니"라는 시적 고백을 통해서 모성의 확장이 나타난다. 고통스러운 삶을 기쁨으로 껴안고 언제라도 새로운 뿌리를 키워낼 수 있음을 알려준다.

서귀포 언덕 위 초가 한 채
귀퉁이 고방을 얻어
아고리와 발가락군*은 아이들을 키우며 살았다
두 사람이 누우면 꽉 찰,
방보다는 차라리 관에 가까운 그 방에서
게와 조개를 잡아먹으며 살았다
아이들이 해변에서 묻혀온 모래알이 버석거려도
밤이면 식구들의 살을 부드럽게 끌어안아
조개껍데기처럼 입을 다물던 방,
게를 삶아 먹은 게 미안해 게를 그리는 아고리와
소라껍데기를 그릇 삼아 상을 차리는 발가락군이
서로의 몸을 끌어안던 석회질의 방,
방이 너무 좁아서 그들은
하늘로 가는 사다리를 높이 가질 수 있었다
꿈 속에서나 그림 속에서
아이들은 새를 타고 날아다니고
복숭아는 마치 하늘의 것처럼 탐스러웠다
총소리도 거기까지는 따라오지 못했다

섶섬이 보이는 이 마당에 서서
서러운 햇빛에 눈부셔 한 날 많았더라도
은박지 속의 바다와 하늘,
게와 물고기는 아이들과 해질 때까지 놀았다
게가 아이의 잠지를 물고
아이는 물고기의 꼬리를 잡고
물고기는 아고리의 손에서 파닥거리던 바닷가,
그 행복조차 길지 못하리란 걸
아고리와 발가락군은 알지 못한 채 살았다
빈 조개껍데기에 세 든 소라게처럼

* 화가 이중섭과 그의 아내가 서로를 부르던 애칭

—「섶섬이 보이는 방: 이중섭의 방에 와서」, 『야생사과』(창작과비평사, 2009)

이 시는 가난하고 불우했던 화가 이중섭 가족의 이야기를 쓴 시이다. 화가 이중섭이 6·25전쟁의 와중에 제주에 피난을 와서 살았던 일 년의 짧은 기간 동안 머물면서 가졌던 가족들과의 행복했던 삶을 시인의 상상을 따라 따뜻한 시선으로 그린 시다.

시인은 이중섭이 사랑하는 아내와 아이들과 함께 보냈던 물건이나 넣어두었던 작은 방인 고방과 제주도의 맑은 하늘과 바다를 이중섭의 작품들을 통해서 불러내어 보여주고 있다. "방이 너무 좁아서 그들은 / 하늘로 가는 사다리를 높이 가질 수 있었다"는 시구를 통해서 가난한 삶의 자리를 하늘로 끌어올리는 예술가의 삶을 감동의 차원으로 읽어낸다. 시인은 자연이 인간에게 베푸는 넉넉함과 풍요로움도 놓치지 않고 보여준다. "복숭아는 마치 하늘의 것처럼 탐스러웠다 / 총소리도 거기까지는 따라오지 못"하는 자연의 돌봄을 꿈꾼다. 하지만, “그 행복조차 길지 못하리란 걸 / 아고리와 발가락군은 알지 못한 채 살았다 / 빈 조개껍데기에 세 든 소라게처럼”라는 시구를 통해서 화가 이중섭의 불행했던 일생이 아름다운 기억으로 인해 빛날 수 있음을 보여 준다. 어떤 삶도 결국 “빈 조개껍데기에 세 든 소라게처럼” 몸을 비워주고 떠날 수밖에 없음을 생각할 때 시인이 바라보는 화가 이중섭의 삶은 연민으로 가득 하지만 인생에 대한 성찰도 함께 깃들어 있다.

정 끝 별

(1964.11.28~)

정끝별 시인은 1964년 11월 28일 전라남도 나주에서 출생하였다. 창원명지여자고등학교를 졸업하고 이화여자대학교 국문과 및 동 대학원을 졸업했다. 1988년 『문학사상』 신인상에 시 「칼레의 바다」가, 1994년 『동아일보』 신춘문예에 평론 「서늘한 패로디스트의 절망과 모색」이 당선되어 등단했다. 이화여자대학교 국문과 교수로 재직 중이다.

시집으로 『자작나무 내 인생』(1996), 『흰책』(2000), 『삼천갑자복사빛』(2005), 『와락』(2008)을 간행하였다. 시론·평론집 『패러디 시학』, 『천 개의 혀를 가진 시의 언어』, 『오룩의 노래』, 여행산문집 『여운』, 『그리운 건 언제나 문득 온다』와, 시선 평론 『시가 말을 걸어요』, 『밥』 등이 있다.

정끝별 시인은 리듬과 이미지가 충만한 시정으로 독특한 시 세계를 보여주는 시인으로 알려져 있다. 이 외에도 패러디에 관한 이론을 체계화하고 우리 현대 시에 접목, 해석하여 그 문학적 역할과 의의를 정립한 『패러디 시학』(1997), 시 자체가 가진 무한한 언어의 가능성을 지적하며 열린 비평적 태도에 입각한 『천 개의 혀를 가진 시의 언어』(1999) 등의 평론집이 있다. 그의 평론은 분석 및 해석이 치밀하고 정교하며 텍스트에 대한 폭넓은 이해를 기반으로 한다는 평을 받고 있다.

이를테면 수양의 늘어진 가지가 담을 넘을 때
그건 수양 가지만의 일은 아니었을 것이다.
얼굴 한 번 못 마주친 애먼 뿌리와
잠시 살 붙였다 적막히 손을 터는 꽃과 잎이
혼연일체 믿어주지 않았다면
가지 혼자서는 한없이 떨기만 했을 것이다.

한 닷새 내리고 내리던 고집 센 비가 아니었으면
밤새 정분만 쌓던 도리 없는 폭설이 아니었으면
담을 넘는다는 게
가지에게는 그리 신명나는 일이 아니었을 것이다.
무엇보다 가지의 마음을 머뭇 세우고
담 밖을 가둬두는
저 금단의 담이 아니었으면
담의 몸을 가로지르고 담의 정수리를 타 넘어
담을 열 수 있다는 걸
수양의 늘어진 가지는 꿈도 꾸지 못했을 것이다.

그러니까 목련 가지라든가 감나무 가지라든가
줄장미 줄기라든가 담쟁이 줄기라든가
가지가 담을 넘을 때 가지에게 담은
무명에 획을 긋는

도박이자 도반이었을 것이다.

—「가지가 담을 넘을 때」, 『삼천갑자 복사빛』(민음사, 2005)

이 시는 모든 존재가 다 이어져 있음을 이야기한다. "불교에서 말하는 화엄의 세계를 그리고 있습니다. '너' 없는 '나'는 존재할 수 없다는 것이지요. '나'를 둘러싼 모든 것들이 '너'가 아니라 결국은 온전한 '나'라는 것입니다. '나'를 가두는 담도 감옥도 '나'라는 것입니다."13)

안도현은 담을 넘는 일이야말로 이 화엄으로 들어가는 일이라고 본다. 이 시에서 담을 넘는 일은 도박이면서 도를 닦는 일이라는 것이라고 한다. 그러기 위해서는 서로의 존재를 인정하고 믿어주는 과정이 필요하다. 그 과정을 경험하는 것이 담을 넘어가는 일이다. '~했을 것이다.'라는 부정적인 가정을 통해서 담을 넘는 행위의 동조하는 주변 상황들을 강조하고 있다. 2연에서는 넘어가야 할 담조차 거기에 일조했음을 보여준다. "무엇보다 가지의 마음을 머뭇 세우고 / 담 밖을 가둬두는 / 저 금단의 담이 아니었으면" 담을 넘을 생각조차 하지 못했다는 것이다. 시적 대상이 밖과 안으로 오가면서 팽팽한 긴장감을 만들어 낸다. 담을 넘어서 담 자체로 시각이 집중되고 있다. 서로 다른 두 개의 열매가 하나의 줄기에 있는 것과 같다. 이러한 인식을 끌어안고 새로운 차원으로 넘어갈 힘이 존재함을 이 시는 알려준다.

13) 사이버 문학광장 문장(https://munjang.or.kr/archives/140964). 2008.04.14 문학집배원 안도현.

파나마 A형 독감에 걸려 먹는 밥이 쓰다
변해 가는 애인을 생각하며 먹는 밥이 쓰고
늘어나는 빚 걱정을 하며 먹는 밥이 쓰다
밥이 쓰다
달아도 시원찮을 이 나이에 벌써
밥이 쓰다
돈을 쓰고 머리를 쓰고 손을 쓰고 말을 쓰고 수를 쓰고 몸을 쓰고
힘을 쓰고 억지를 쓰고 색을 쓰고 글을 쓰고 안경을 쓰고 모자를 쓰고
약을 쓰고 관을 쓰고 쓰고 싶어 별루무 짓을 다 쓰고 쓰다
쓰는 것에 지쳐 밥이 먼저 쓰다
오랜 강사 생활을 접고 뉴질랜드로 날아가 버린 선배의 안부를
묻다 먹는 밥이 쓰고
결혼도 잊고 죽어라 글만 쓰다 폐암으로 죽은 젊은 문학평론가를
생각하며 먹는 밥이 쓰다
찌개 그릇에 고개를 떨구고 혼자 먹는 밥이 쓰다
쓴 밥을 몸에 좋은 약이라 생각하며
꼭 꼭 씹어 삼키는 밥이 쓰다
밥이 쓰다
세상을 덜 쓰면서 살라고
때꿍한 눈이 머리를 쓰다듬는 저녁

—「**밥이 쓰다**」, 『**삼천갑자 복사빛**』(민음사, 2005)

이 시에서는 동사 '쓰다'와 형용사 '쓰다'는 동음어가 반복되어 쓰여지고 있다. 고통 없는 삶이 없듯이 상처 없는 삶도 없다. 삶속에서 만나는 무수한 상처들이 시인에게 밥을 쓰게 만들고 그 쓰디쓴

삶의 자리를 쓰게 만들기 때문이다. '쓰다'에 깃들어 있는 무수한 몸짓, 그러나 그 소모적인 행위들이 다 부질없다고 여겨지는 저녁이 이따금 찾아온다. 몸이 더는 못 가겠다고 말한다. "그 몸을 달래어 가며 넘기는 밥이, 그 목멘 밥을 쓰는 시가 쓰다."[14]고 나희덕 시인은 그의 서평에서 말했다.

상처는 「밥이 쓰다」라는 시에서 극대화된다. "독감에 걸려 먹는 밥이 쓰"고, "변해 가는 애인을 생각하며 먹는 밥이 쓰"고, "늘어나는 빚 걱정을 하며 먹는 밥이 쓰"기 때문이다. 이 '쓰다'라는 단어는 '쓰다(bitter)'와 '쓰다(use)'와 '쓰다(write)'라는 세 가지 의미로 변주되면서 점점 더 그 영역을 확장해 나간다. 그리고 "정끝별 특유의 숨 한 번 안 쉬고 내달리는 듯한 시어들은 같은 어구의 반복을 통해 마치 노래의 후렴구와도 같은 일정한 운율을 만들어 낸다".[15]

일상에서 일어나는 모든 상처가 쓴맛으로 돌아올 때 시인은 "쓴 밥을 몸에 좋은 약이라 생각하며" 쓴 밥을 꼭꼭 씹어 삼킨다.

---

14) 나희덕 편저, 『아침의 노래 저녁의 시』, 삼인, 2008.

15) 『삼천갑자 복사빛』(민음사, 2005) 출판사 서평.

2부 남도의 현대 시조

남도의 현대 시조의 태동과 현대 시조

갑오경장 이후 현대 시조는 고시조의 예스러움을 버리고 새로운 모습으로 태어났다. 고려 후기에 발생하여 500여 년을 조선의 선비들과 기생, 아녀자 등 다양한 창작 층을 가졌던 시조는 개화기에 이르러 자유시의 등장으로 장르 자체가 존폐 위기를 맞았다. 이러한 위기를 민족 문화의 위기로 인지한 시인들은 1920년대부터 시조 부흥 운동을 일으켰다. 이 운동을 통해서 시인들은 시조를 통해서 우리의 것을 지키고 민족적 정기를 되살리려는 의지를 보여주었다.

현대 시조를 주창한 시인들은 과거의 고시조가 보여주었던 문제점들을 혁신하고 새롭게 전통을 계승하고 발전시키려고 노력하였다. 시조는 시조부흥 운동을 통해서 현대적 감각을 드러낸 주제와 창으로 불리는 시조가 아닌 문장으로 읽히는 시조로 다시 태어났다.

현대 시조와 고시조를 가르는 몇 가지 점을 살펴보자면 노래하는 시조에서 읽는 시조로, 3장 6구 45자 내외의 율격을 철저하게 지키면서 시의 연구 분 행을 허락하지 않았던 고시조는 현대 시조에 이르면서 연구분과 다양한 행각이, 현대적인 감각에 맞추어서 다양한 주제를 가지는 시적 형태를 지닌다. 특히 조선 후기부터 시작된 사설시조의 등장으로 고시조에서는 보기 힘든 다채로운 시적 리듬을 지니게 되며 폭넓은 시적 주제를 형상화하는 데 많은 도움을 준다. 한편, 이런 여러 가지 현대 시조의 시험으로 인해 정형시와 자유시의 구분이 어려울 만큼 파격이 등장하기도 했다.

시조의 주제 면에서도 고시조가 음풍농월, 권선징악 등 천편일률이라는 비난을 받았지만. 현대 시조는 다양한 주제와 실감 나는 현장언어를 과감하게 사용하였고. 이에 대해 파격에 대한 논의가 일었다. 새로운 시조를 주창한 시조 시인들은 현대 시조가 전통의 단절이 아닌 전통의 혁신으로 보았으며, 시조가 더욱 다채로워지고 새로워져야 함을 역설했다.

외부(서양)에서 자유시가 들어왔다고 보는 문화 이식론에 대해서 자유시가 우리 전통 시조의 흐름 속에서 생겼다고 보는 시각도 있다. 사설시조의 등장과 초기 자유시들이 대부분 민요조의 흐름에서 벗어나지 않았고, 3·4조의 시조 운율을 따르고 있는 것에 근거했다. 특히 시조의 형식을 3·4, 3·4글자 숫자의 규칙성을 가진 음수율로 보지 않고 말의 간격과 시간을 중요하게 여기는 음보율로 이해하면서, 자유시의 흐름이 시조의 걸음걸이에서 벗어나지 않았다고 주장한다. 특히 현대 시조에서 기존의 연작시 형태에서 나아가 같은 각각 독립된 수를 가지게 되면서 전체적으로는 하나인 연시조를 구성하고 창작하게 되면서 자유시와 시조 경계에 대해 논의가 일어났다. 이렇듯 시조는 우리의 모든 운문에 영향을 미쳤으며, 다양한 창작 시도를 통해서 오늘의 모습을 갖추었다.

현대 시조를 바라보는 논의의 중심에는 남도의 시인들이 포진해 있다. 1920년대 가람 이병기 등의 시조혁신운동으로 인해 현대 시조는 새로운 옷을 입게 된다. 가람 이병기와 조운의 창작물은 기존의 시조를 새롭게 쓰는 계기를 마련했다. 이들은 자신들의 문학적 본류를 시조로 보았고 여러 장르의 문학적 실천을 해왔음에도 불구하고 시조를 자신의 문학 중심에 놓았다.

1950년대 현대 시조 개척기에는 장순하·송선영 시인의 역할이 컸다. 이들을 통해서 현대 시조는 현실 세계의 목소리를 다양하고 구체적으로 갖게 된다. 1960년대 현대 시조 정립기에는 윤금초·이근배·이상범·서벌 시인을 만날 수 있다. 이들을 통해서 현대 시조는 좀 더 넓고 많은 독자를 만날 수 있었으며, 현대 시조가 몇몇 사람들의 유희로 전락하지 않고 현대 시조의 이론을 정립하게 된다. 1970년대 김종·이한성·김영재 등이 시조의 독자층을 보다 넓혔다는 평가를 받는다. 1990년대에 이르러 그동안 쌓았던 시조 연구와 창작, 시조를 발표할 수 있는 시조 전문잡지와 시조를 싣는 시 전문지의 참여가 늘어나면서 시조 인구의 폭발적인 증가를 만나게 된다. 1990년대 이후에 남도의 시조 시인들의 수는 폭발적으로 늘어났고 그들은 젊은 시조 단으로 자리를 차지하고 있다.

남도의 시인들은 현대 시조의 중심에 서 있었으며 현대 시조의 이론적 실천적 배경과 그 중심이 되어 왔다. 오늘에도 시조 단의 중심에서 끊임없이 자기 혁신을 통해서 새로운 시조를 보여주고 있으며, 지난 전통을 계승하여 새로운 전통을 창조하는 꿈을 이루고 있다.

조 운

(曺雲, 1900.07.22~1948(월북))

조운(曺雲) 시인은 1900년 전라남도 영광군 영광읍 도동리에서 태어났다. 호는 정주랑(靜洲郎), 본명은 주현(柱鉉)이고 운(雲)은 필명이다. 1917년 영광 보통학교를 졸업하고 1919년 목포상업 전수학교를 졸업하였다. 같은 해 영광 독립 만세 시위에 참여하였다가 일경의 추적을 피해서 만주로 망명하였는데 이때 최서해를 만났다. 최서해는 후에 조운의 누이동생 '분려'와 결혼하였다. 1922년 『자유예원』이라는 향토문예지 발행에 참여하였고, 시조 동호회인 '추인회(秋蚓會)'를 결성하였다. 1921년 21세 때 고향으로 돌아와서 영광학원의 교사가 되었다. 이 시절에 동료 교사로 근무한 박화성에게 소설 쓸 것을 권유하여 「추석전야」를 춘원 이광수에게 보여주어 『조선문단』에 추천했다. 박화성의 회고담에 의하면 "들판에서는 잠이 와 죽은 듯하고, 참새들은 짓잡아 꿈이 짙은 밤 두진 나 외로운 피리 소리에 반짝이는 별들만 굽어보네."라는 시를 언제나 암송했다고 한다. 교사이자 시인으로서 '영광청년회'의 3대 회장을 역임했고 독서회인 '갑술구락부'를 결성하여 일제 강점기의 사회 계몽운동에 힘썼다.

1926년 프롤레타리아문학에 대항하여 가람 이병기 등과 함께 국민문학파의 입장에서 '시조부흥운동'에 참여하였는데 그의 시평 '병

인년과 시조'에서 시조는 '조선혼'과 '조선적'인 것을 표현하였다고 주장하였다. 1937년 '영광체육단사건'으로 투옥되었다가 1년 6개월 복역하고 1939년에 출옥하였다. 8·15광복 후인 1947년에 서울로 이주하여 동국대학교에서 '시조론'과 '시조사'를 강의하였으며 1948년에 가족과 함께 월북하였다. 월북 후에는 황해도 대표위원, 최고인민회의 상임위원을 지냈다. 북에서는 『춘향전』을 연구하였으며 박태원과 함께 『조선구전민요집』·『조선창극집』을 출간하였다.

1921년 『동아일보』에 「불살라주오」를 투고하면서 문단 활동을 시작하였으며, 1924년 11월 「초승달이 재 넘을 때」 등 3편을 『조선문단』에 발표하여 정식으로 등단하였다. 이후 1925년 『조선문단』에 「법성포 12경」을 발표한 것을 시작으로 시조 창작에 전념하였다.

1990년 9월에 유족과 영광 지역 예술인들이 중심이 되어 『조운문학전집』(남풍)을 출간하였으며, 2000년 7월에는 탄생 100주년 기념사업회가 주관하여 『조운시조집』(작가)을 복간하였다. 2001년 우리시대 현대 시조 100인선으로 『조운시조집』(태학사)이 출판되었다. 시비는 영광군 한국전력공사 문화회관 앞에 있으며 그의 대표작 「석류」가 새겨져 있다.

조운은 시조의 형식이 기존의 평시조에서 탈피하여 새로운 시대의 정신을 담을 수 있는 시형을 제시하였다. 「구룡폭포」를 비롯한 사설시조를 창작하고 구별 배행이나 양장시조까지 실험하였다. 고시조의 3장을 여러 가지의 분 행 형태로 보여주는 등 행과 연을 자유롭게 배열하였다. 내용적인 면에서는 비교적 알기 쉬운 우리말을 발굴하여 사용하였고, 독창적인 시어를 창안하여 사용하였을 뿐만 아니라 일상어로 구어체와 영광지방의 방언을 사용하여 시적 언어에 대해 새로움을 추구하였다. 자신의 가족과 벗을 향한 그리움이나 자연에 대한 교감을 통해 서정적 정서를 표출하였으며 고적지를 답사하고 그것의 역사성에 대한 자기인식을 시조화하였다. 해방 이후에는 사회의식이 강한 시를 쓰기도 하였다. 그의 시에는 조국과 민족에 대한 사랑이 가득하다. 조규설과 박철희는 “감각적이고 색채효과를 살린 점, 과감한 제재의 선택, 시어의 발굴 등은 시조계에 혁신을 가져 왔다”고 하였다. 조동일은 “이은상처럼 감각이 예민해 말을 잘 다듬는 것을 장기로 삼는 듯 하지만 기교에 빠지지 않았고, 애틋한 인정을 감명 깊게 드러내려고 한 점에서는 이병기와 비슷하면서 미묘한 느낌을 또렷하게 하는 데 남다른 장기가 있다.”고 평했다.

투박한 나의 얼굴
두툴한 나의 입술

알알이 붉은 뜻을
내가 어이 이르리까

보소라 임아 보소라
빠개 젖힌
이 가슴

—「石榴」, 『조운시조집』(1947.05)

이 시조는 『조운시조집』의 첫머리에 실린 작품이다. 석류는 현대시조의 모법으로 불릴 만큼 단시조 형식을 잘 갖추고 있으면서 현대적인 감각이 잘 살아있는 작품이다. 특히 종장의 호흡이 빠르게 진행되면서 내용의 급격한 전개는 압축과 절제를 미학으로 하는 단시조의 힘을 느끼게 한다.

인간은 자연과 함께 자연 속에 존재하면서 생명을 가진 에너지를 공유, 교감하기도 하고 혼연일체가 되기도 한다. 이 작품 속의 화자는 관조와 교감의 대상으로 석류를 보지 않고 자연에 몰입된 물아일체의 경지를 만난다. 석류와 내가 하나가 되는 상황을 만나는 것이다.

초장에서는 직접 대상이 되는 석류의 외형을 밖에서 묘사했다. "두툴한", "투박한" 같은 시어로 투박하고 거친 표피와 두툼하고 갈라져 있는 입술을 묘사했다. 중장에서는 안에 감추어진 화자의 마음을 자세하게 묘사하기 위한 전제를 내세웠다. 묘사에서 진술로 넘어가고 있다. "알알이 붉은 뜻"은 다양한 해석이 가능하다. "이르리까"는 말할 수 없는 정도를 이야기한다. 종장에서는 참지 못하고 마침내 터뜨리는 화자의 마음을 "빠개 젖힌"이라는 강한 시어를 사용하여 절실하게 묘사했다. 3행으로 이루어지는 시조형식에서 벗어나 초장과 중장을 2행으로 처리하고 종장을 3행으로 처리하여 시적 운율과 이미지를 선명하게 하고 있다.

사람이 몇 生(생)이나 닦아야 물이 되며 몇 劫(겁)이나 전화(轉化)해야 금강에 물이 되나! 금강에 물이 되나!

샘도 江도 바다도 말고 玉流(옥류) 水簾(수렴) 眞珠潭(진주담)과 萬瀑洞(만폭동) 다 고만 두고 구름 비 눈과 서리 비로봉 새벽안개 풀끝에 이슬 되어 구슬구슬 맺혔다가 連珠八潭(연주팔담) 함께 흘러

九龍淵(구룡연) 千尺絶崖(천척절애)에 한번 굴러 보느냐.

—「九龍瀑布」, 『조운시조집』(1947.05)

이 작품은 1935년 5월 무렵에 고향 땅 영광의 친지와 함께 금강산 기행 중에 쓴 것이라고 한다. 오랜 시간 동안의 퇴고 과정을 거친 작품으로 정제 미를 갖춘 뛰어난 작품이다. 전체적으로 반복적 율격을 보이며, 그 이면에는 점층적인 요소가 가미되어 있다. 이 작품은 초장과 종장이 시조의 모습을 지니고 있으면서 중장이 길어진 형태인 장시조다. 또한, 삼장 형식을 지니고 있지만, 내용과 이미지의 측면에서 보면 초장을 둘로, 중장을 셋으로, 종장을 하나로 볼 수 있다. 특히, 중장의 경우 전반부(샘도~고만두고)는 양(陽)의 요소들을 열거하여 그것을 거부함으로써, 자신을 현실 안주가 아닌 현실 개척의 존재임을 암시하게 한다. 중반부(구름~새벽안개)에서 음(陰) 요소들의 배치는 그에 따른 고통과 시련을 함축, 상징한다고 볼 수 있다. 후반부(풀 끝~흘러)에선 이의 극적인 해소가 이루어진다. 특히 종장은 자아의 초극에 의한 현실 장벽의 붕괴를 의미한다. 결국, 초장이 금강에 물이 되길 염원하는 현실에의 대항, 극복 추구심(追求心)의 발로였다면, 중장은 그 실천 과정이고, 종장은 그 결과로써, 죽음(자기희생, 자기 초월)과 함께 열리는 새로운 세상이랄 수 있을 것이다. 중장의 장문을 이루는 문장기법은 주로 열거법과 반복법에 의존하고 있다. 조운의 사설시조는 현대의 감각적 이미지를 생성하고 있다는 점에서 옛 사설시조와 확연히 구별된다고 하겠다. 먼저 물의 움직임, 즉 '흘러'와 '굴러'에서의 동적 이미지를 들 수 있다. 그리고 샘, 강, 바다, 옥류, 수렴, 진주담, 만폭동, 풀, 이슬, 연주팔담, 구룡연 등의 맑고 심원한 이미지의 확대 반복이 이루어진다. 이러한 이미지들은 어둡고 차가우며 무거운 이미지와 대비적 조화를 이루는 가운데, 시간의 경과와 소리의 증폭까지도 감지할 수 있게 한다. 이렇듯 「九龍瀑布」는 전체적으로 드러나는 열거와 반복적 율격, 점층을 통한 장문화의 방법으로 작가의 격정적 어조를 유감없이 발휘한다. 한편, 유수(流水, 중장 전반부)와 낙수(落水, 중장 후반부)의 대조적 대비를 보이는 점도 주목해 볼 필요가 있다. 여기에서 화자는 역동성이 강한 낙수(폭포)에 애정을 보인다.

시의 어조가 일상적인 대화체에 가까워질수록 그 속에는 훨씬 풍부한 삶의 모습이 깃들게 되고, 시는 역동적인 의미구조를 갖게 된다. 조운 시조의 구어체 어조도 이러한 특징을 갖고 있다. 구어체는 작품에 내포된 의미를 개방하여 누구든 쉽게 이해할 수 있게 하며 독자에게 친밀감을 준다.

이 병 기

(李秉岐, 1891~1968)

이병기(李秉岐) 시인은 1891년 전라북도 익산에서 태어났다. 1910년 전주 공립보통학교를 나왔다. 1913년 관립 한성사범학교를 졸업하였다. 1912년 주시경 선생에게 조선어강습원에서 배웠다. 1913년부터 남양(南陽)·전주 제2·여산(礪山) 등의 공립보통학교에서 학생들을 가르쳤으며, 국어 연구와 시조를 창작하였다.

1926년 '시조회(時調會)'를 세웠다. 1928년 이를 '가요연구회(歌謠研究會)'로 개칭하였고 시조 혁신을 제창하는 논문을 발표했다. 1930년 조선어 철자법 제정위원이 되었으며, 1942년 조선어학회사건으로 혹독한 일제의 옥살이를 했다. 해방 이후 서울대를 비롯한 여러 대학에서 후학들에게 우리 문학을 가르쳤다.

이병기 시인이 남긴 글은 시조뿐만 아니라 현대 시조에 관한 여러 논문이 있다. 「시조란 무엇인가」, 「율격(律格)과 시조」, 「시조원류론(時調源流論)」, 「시조는 창(唱)이냐 작(作)이냐」, 「시조는 혁신하자」, 「시조의 발생과 가곡과의 구분」 등 20여 편의 시조론을 발표하였고, 여러 강의를 통해서 시조의 혁신을 주장했다.

이병기 시인은 첫 시조집 『가람시조집(嘉藍時調集)』(1939, 문장사)에서 자신의 현대 시조의 창작이론을 접목한 시조를 보여주었다. 여기에서 현대 시조에 대한 이론을 창작자의 입장에서 만들었고, 창작과정에서 자신의 이론을 정립했음을 알 수 있다. 후학들에게 현대 시조의 방향성을 잡았다는 평가를 받는 시조 이론을 살펴보면 이병기 시인이 현대적 감각에 맞는 시조를 꿈꾸어 왔음을 알 수 있다. 가람은 시조를 글자 수에 얽매이지 않는 자유시의 한 종류로 보았다. 그것은 시조의 기존 정형률을 어떻게 해석하고 바라보느냐에 따라 새롭게 혁신될 수 있다고 본 것이다. 가람의 시조는 정형의 틀을 가지고 있으면서도 열린 형태를 지향하는 시조라는 것을 강조하였다.

그는 시조 혁신을 위해 실제 일어나는 감정과 느낌을 구체적으로 표현하는 것을 매우 중요하게 여겼다. 살아있는 감각을 통해서 시조가 혁신될 수 있다고 보았다. 사람은 고시조에서 주제나 소재가 심하게 중복된다는 것을 비판하면서 제대로 된 시를 쓰기 위해서는 집중력 있는 관찰과 상상력을 통해서 대상을 바라보아야 한다고 했다. 고시조에서 보이는 한문 투의 시어를 지양할 것을 주장했다. 특히, 시조 종장에 쓰이는 의미가 없는 감탄사나 서술 종결형인 '~하노라, ~는구나' 등과 같은 구태의연한 시어들은 사용하지 않아야 한다고 보았다. 시조에 쓰이는 모든 단어를 현대적 감각에 맞추어 사용해야 한다고 주장했다. 또한, 현대 시조에서 새로운 율격의 필요성을 역설했다. "음악은 소리 그것에만 의미가 있을 뿐이지만 격조는 그 말과 소리가 합치한 그것에 있다. 그러므로 말을 떠나서는 격조도 없다. 그런데 시조의 격조는 그 작가 자신의 감정으로 흘러나오는 리듬에서 생기며, 동시에 그 작품의 내용 의미와 조화되는 그것이라야 한다."고 하였다.

현대 시조의 혁신을 위해서 연작 시조의 필요성을 주장했다. 현대 사회의 복잡함에 대해 시조의 단시조는 그 역할의 한계가 있다고 본 것이다. 현대 시조에서 가장 활발하게 창작되고 있는 연시조의 조건을 제시했다. "한 제목을 가지고 한 수 이상으로 몇 수까지든지를 지어 한편으로 하는데, 한 제목에 대하여 그 시간이나 위치는 같든 다르든, 다만 그 감정의 통일만 되게 하는 것이다. 가령 이에 다섯 수가 각각 독립한 것이면서도 서로 관련이 있어 전개되고 통일된 것이다." 한 개의 제목으로 연관된 통일성을 가진 시조를 연시조로 보았다.

「시조는 혁신하자」에서 가람은 고시조의 답습 상태에 머물던 당시 시조에 대해 현대적인 내용과 형식을 새롭게 입혀주고자 했음을 알 수 있다.

고개 고개 넘어 호젓은 하다마는
풀섭 바위서리 밝안 딸기 패랭이꽃
가다가 닥어도 보며 휘휘한줄 모르겠다

묵은 기와목이 발끝에 부딪치고
城을 고인 돌은 검은 버섯 돋아나고
성그시 벌어진 틈엔 다람쥐나 넘나든다

그리운 옛날 자취 물어도 알이 없고
벍언뫼 검은 바위 파란물 하얀 모래
맑고도 고운 그모양 눈에 모여 어린다

깊은 바위굴에 솟아나는 맑은 샘을
위로 뚫린 구멍 내려오던 供養米를

이제도 義湘을더불어新羅時節 말한다

별이 쨍쨍하고 하늘도 말갛더니
설레는 바람끝에 구름은 서들대고
거뭇한 먼산 머리에 비가 몰아 들온다

—「大聖庵」, 『嘉藍時調集』(문장사, 1939)

가람의 시조 「대성암」은 뛰어난 묘사와 서정성으로 알려져 있다. 이 시조는 서울시 광진구에 있는 아차산의 대성암과 그곳을 찾아가는 과정을 그리고 있다. 첫 수는 아차산을 오르는 산길은 인적이 드물어 호젓하지만, 주위의 바위와 풀꽃들이 시인의 눈길을 끌어당기고 있어서 적적함을 잊는다. 둘째 수는 아차산성에 대한 묘사이다. 아차산성은 삼국시대의 석축산성으로 한강 유역에 있다. 고인돌에는 검은 버섯 돋아나고 돌들의 벌어진 틈에 다람쥐가 넘나든다. 전체적인 시적 상황은 황량하다. 셋째 산성에서 내려다보이는 경치가 묘사된다. 옛날의 자취는 보이지 않고 산과 바위, 아래에는 한강의 푸른 물과 흰 백사장이 보인다. 넷째 수는 신라 시대 의상이 창건한 고찰인 대성암에 들어서서 긴 시간 간직하고 있는 역사와 전설을 떠올리고 있다. 대성암 뒤쪽에 있는 쌀바위에서 공양미가 나와서 어려움을 해결했다는 전설이 있다. 다섯째 수는 갑작스럽게 비가 온다는 것으로 예측할 수 없는 삶을 보여주는 것으로 마무리하고 있다. 뛰어난 경치 묘사와 경치를 바라보는 시각이 담담하게 보인다. 가람의 시조는 경치를 묘사하면서 그 틈새에 시인의 감정이 자연스럽게 스며들어 있다.

고대의 격전지로서의 치열함과 신라 고승이 창건했던 고찰의 영화로움을 지녔던 과거의 공간이, 현재의 공간에서는 "묵은 기와목이 발끝에 부딪치고", "거뭇한 먼산머리에 비"를 몰아오고 있는, 인생과 역사에 대한 무상함을 자연스럽게 느껴진다. 풍경과 사물을 시인의 독특한 심리묘사를 통해 살아있게 만든다.

가람의 우리말 사랑은 그의 모든 시조에서 나타난다. 우리말을 먼저 시어로 사용했고 한자어도 일상에서 사용된 한자어가 아니면 사용하지 않았다. 또한, 감각적인 우리말을 찾아서 쓰고자 노력했다.

> 빼어난 가는 닢새 굳은 듯 보드롭고
> 자짓빛 굵은 대공 하얀한 꽃이 벌고
> 이슬은 구슬이 되어 마디마디 달렸다
>
> 본래 그 마음은 깨끗함을 즐겨하여
> 정한 모래 틈에 뿌리를 서려두고
> 微塵도 가까히 않고 雨露 받어 사느니라

—「蘭草(四)」, 『嘉藍時調集』(문장사, 1939)

그의 대표 시조인 난초 연작 중에 「蘭草(四)」는 백미라 할 수 있다. 그는 실제 생활에서도 난초를 직접 길렀다고 한다. 난초에 대한 시를 여러 편 남겼다. 난초에 대해 세밀하고 투명한 묘사는 난초의 속성을 잘 표현하고 있다. 난초의 속성에 대한 표현은 시인 자신에 대한 투사임을 알 수 있다.

형식면에서 살펴보면 초장, 중장, 종장으로 이루어진 단형시조가 또 하나의 주제로 연결되어 쓰임으로써 연시조의 형식을 갖추게 된다. 자유시의 연 구분과 다른 점은 각 단수가 하나의 완결한 형태를 가지고 있으면서 다음 수와 내용 면에서 주제 면에서 이어지고 있다.

첫 수 초장에서 전통 시조나 한시에서 보이는 선경후정의 자세를 취하고 있다. 하지만, 단순한 외양 묘사에 그친 것이 아니라 난초의 속성을 보여준다. "굳은 듯 보드롭고"라는 표현은 강함과 부드러움을 함께 가지고 있다는 것을 말한다. 난초를 통해서 시인 자신의 자세를 투영하고 있음을 알 수 있다. 시인이 어떻게 살아가야 하는가에 대한 자세를 보여주고 있다. 첫 수 종장은 "이슬이 구슬이 되"는 모습을 통해서 자신의 노력이 결실을 보는 경지를 보여 준다.

두 번째 수를 통해서 난초가 가람 자신이며 조선의 선비임을 보여 준다. 이 시조를 통해서 가람 이병기의 정신주의적인 성향을 확인할 수 있다. "깨끗한", "뿌리" 등의 시어를 통해서 미진도 가까이하지 않는 난초의 속성을 구체적으로 드러내면서 자연과 사람이 일치되는 상황을 보여 준다.

정 소 파
(鄭韶坡, 1912~2013)

정소파(鄭韶坡) 시인은 1912년 전남 광주에서 태어났다. 본명은 현민(顯珉)이며 호는 설월당이다. 1934년 송정 공립고등학교를 졸업하고, 1938년 일본 와세다대학 문학과를 마쳤다. 16년간 전남에서 공무원으로 일하다가 전남여자고등학교 등에서 교편생활을 했다. 1930년 『개벽』에 시 「별건곤」을 발표하면서 문단에 활동을 시작하였다. 그 후 1935년 신인문학에 시가 추천되었고, 1947년과 1948년 『동광신문』 신춘문예와 『조선중보』 신춘문예에 각각 시가 당선되었다. 1957년 『동아일보』 신춘문예 시조 「설매사」가 당선되었고, 건국기념 및 개천절 경축 대통령이 출제한 전국백일장에서 장원하여 대통령상을 받았다. 시집으로 『마을』(1956), 『殘照』(1979), 『고독의 창』(19878)과 『정소파 시선집』(1988)이 있고, 시조집으로 『산창일기(山窓日記)』(1957), 『슬픈 조각달』(1974), 『주풍사』(1983)가 있다. 수필집으로 『시인의 산하』(1966), 『세월가는 그림자』(1981), 『정소파 수필전집』(1990), 동시집으로 『정소파 동요동시』(1971)가 있다.

정소파 시인의 시조는 동양화에서 만날 수 있는 조화와 여백이 살아있다. 그는 현실 세계의 부조리한 상황을 고발하면서도 결코 선비의 격조를 잃지 않는다. 자연스러운 비유를 들어서 시대의 모순을 깨달을 수 있도록 한다. 이런 까닭에 자연과 인생의 교감을 통해 영원성과 예술성을 주정과 주지로 알맞게 융화시키고 있다. 또한, 고난 속에 살아가는 삶의 고뇌와 역경을 뚫고 나아가는 고도의 시 정신을 시조의 형식에 맞춰서 발휘하고 있다.

어느 녘 못다 버린 그리움 있길래로
강파른 등걸마다 손짓하며 짓는 웃음
못 듣는 소리 속으로 마음 짐작하느니라.

바윗돌 틈사구니 뿌린 곧게 못 벋어도
매운 듯 붉은 마음 눈을 이고 피는 꽃잎
향 맑은 내음새 풍긴 그를 반겨 사느니라.

꽃샘바람 앞에 남 먼저 피는 자랑!
벌·나비 허튼 수작 꺼리는 높은 뜻은
우러러 천년을 두고 따름직도 하더니라.

—「설매사」, 『달여울의 소리무늬』(태학사, 2001)

이 시는 3수로 이루어진 연시조다. 꽃샘추위를 이겨내며 피는 매화를 인격화시켜서 올곧은 시인의 정신을 매화에 투영시켜 쓴 현대 시조다. 여기에서 나오는 매화는 선비들의 꽃이라고 할 수 있다. 조선 선비의 정신이 살아있는 매화는 현대 시조에서도 그 향기와 빛깔을 지닌다. 화자는 매화의 향기와 빛깔 움직임을 보며 마음속으로 매화의 말을 듣는다. 첫째 수에서 화자는 매화의 "강파른 등걸마다 손짓"하는 모습을 보며 그 사연을 짐작하고 있다고 쓰고 있다. 역경을 이겨낸 매화는 우리 민족의 아픔을 상징한다. 둘째 수에서 바윗돌 틈에서 뿌리를 내려서 곧게 뻗지 못하지만, 매운 듯 붉은 마음의 눈을 이고 피는 꽃잎을 본다. 시인은 "향 맑은 내음새"를 풍기는 나무를 보면서, 고난과 역경을 통해서 오히려 자신의 향기를 드러내는 매화를 보면서 화자는 살고 있다고 고백한다. 셋째 수에서 화자는 벌과 나비가 나타나기 전 다른 꽃들보다 앞서서 피는 매화의 자세를 이야기한다. 속된 것들과 섞이지 않고 자신의 길을 가겠다는 의지가 드러난다. 이러한 자세를 후대에게 남겨주겠다는 시인의 의지를 드러낸다.

천년 우로 하늘 바라
눈 뜬 채 누운 미륵
새벽 닭 울자마자
못 세워 버린대로
도솔천
우러러 지쳐
솔바람에 자는가

봄 가을 산새소리
속절없는 세월 속에
떠가는 구름 바라
하염 없는 눈길 주며
언제나
깨어 일어나
바램 이뤄 볼 것인가!

하나는 입상으로
또 하난 좌상으로
닿 붙여 지은 슬기
행여나 외롤세라

즈믄해
못 일으킨 뜻
누굴 향해 물으랴

—「**꿈꾸는 와불**」, 『**달여울의 소리무늬**』(**태학사, 2001**)

이 시는 전남 화순 운주사 골짝의 와불(臥佛)을 소재로 하여 쓴 3수로 이루어진 연시조이다. 운주사 골짝에 누워 있는 와불은 전설[16]을 가지고 있다. 와불이 일어서는 날 세상이 미륵 세상이 된다는 전설이다. 미륵불은 불가에서 석가모니불에 이어 중생을 구제할 미래의 부처로 알려져 있다. 이 시에서 나오는 도솔천은 미륵보살이 있는 이상적 세계, 즉 극락세상을 말한다. 천상에 있어야 할 부처가 땅끝 남도의 외딴 골짝에 누워있으니 부처의 모습은 탐관오리들의 착취를 피해 호랑이가 들끓는 산에 올라간다는 민중들의 이야기와 닮아 있다. 천년을 빌었으나 아직도 그 꿈을 이루지 못하고 누워 있는 와불을 통해서 시인은 현실과 이상 사이에서 끊임없이 고뇌하고 번민하는 자신의 모습을 보여주고 있다. 고통스러운 현실 속에서 번뇌하는 지식인의 모습을 보여주면서도 결코 시적 여유를 잃지 않

16) 나라의 균형을 잡기 위해 도선국사가 화순 운주사 계곡에 천불천탑을 하루 낮밤에 세우는데 최후에 두 부처를 세우기 전에 날이 새었으므로 두 채의 와불이 남게 되었다고 한다.

는 것은 시인이 세상을 바라보는 시각이 가볍지 않다는 것을 알 수 있다.

조 남 령

(曺南嶺, 1920.12.02~미상)

조남령(曺南嶺) 시인은 전남 영광군에서 태어났다. 본명은 조영은(曺泳恩)이다. 1933년 영광보통학교를 졸업하였고, 1938년 목포상고를 졸업하였다. 이후 일본을 독학으로 유학하여 학교를 다니던 중 학도병으로 끌려가 복무하다가 해방을 맞이하여 고국에 돌아왔다.

시조시인 조운(曺雲)에게 시조문학을 배워서 조운을 스승으로 하였다. 1939년 이병기(李秉岐)로부터 『문장(文章)』지에 시조 「창」을 추천 받아 등단하였다. 1940년 『조선일보』 신춘문예에 당선되었다. 문장지에 연재한 현대 시조론을 문장지에 연재하였다. 이는 현대 시조를 최초로 논의한 시조론이라는 평가를 받는다. 6·25전쟁 무렵 월북하였다. 시집으로 『조남령 시조집(曺南嶺時調集)』을 발간하였고 작품으로는 수십 편의 시조와 약간의 소설 및 여러 편의 평론을 남겼다.

그의 시조는 대체로 곤궁한 시대를 살아오는 서민들의 가난과 민족적 현실을 서정적 언어로 표출하여 감동을 주었다는 평가를 받았다. 또한, 현대 시조에 관한 시조론을 발표하여 가람 이병기와 더불어 한국 현대 시조의 창작 방향에 대해 모색하였다.

내 살이 아니라고 어이 아니 아프겠소

내 몸이 아니라고 어이 아니 치웁겠소
덜덜덜 窓 떨 때마다 마음 저려 하외다

눈보라 덧치던 눈 얼마나 억찼을가
窓 앞에 메웠던 덕대 부러졌단 말가
그래도 저 넝쿨에야 새 움 자라나겠지.

물무 뒷산에는 진달래 폈답니다.
구름다리 시냇가엔 살구꽃 피겠지요
그 꽃잎 나의 발인 양 살窓 속에 너리까.

—「창: 어느 스승님께」, 『문장』(1939.07)

이 시는 조남령의 1회 추천작으로 3수로 이루어진 연시조다. 이 시는 '어느 스승님께'란 부제가 붙여져 있다. 조남령 시인은 그의 스승 조운의 시풍을 따랐으며 가람 이병기의 현대 시조 창작론에 따라 시조를 썼다. 이 시는 조운이 1973년 영광체육단 사건으로 체포되어 영어의 몸으로 있을 때를 배경으로 하고 있음을 짐작할 수 있다. 첫 수에서 "내 살이 아니라고 어이 아니 아프겠소"에서 알 수 있듯이 스승의 고통이 자신의 고통과 같다고 고백할 정도로 스승을 따랐음을 알 수 있다.

둘째 수 종장에서 "그래도 저 넝쿨에야 새 움 자라나겠지."라며 새로운 세상에 대한 희망을 이야기하고 있다. 셋째 수에 그리고 있는 '물무산과 구름다리'는 조운이 살던 영광 집의 뒷산 이름이고, 집 앞의 다리의 이름인 구름다리를 표현함으로써 조운을 향한 마음을 드러낸다.

이 시조에서 사용하고 있는 대화체는 시적 긴장감을 높여주는 효과를 내고 있으며, 가람 이병기가 언급했듯이 전통 자수율에서 벗어난 자유로운 음보율을 통해서 자연스럽게 시조의 정형율을 지키고 있다.

(舍利塔 塔위에서 쉬느라니 다람쥐 한 마리가 뒤어나와서 잔디에 쫑쫑히 앉았습니다. 이 절엔 다람쥐가 퍽 많았습니다.)

에잇! 알랑달랑 아망스런 저 다람쥐
舍利塔 잔디가 네 마당이로구나!
호젓한 양지쪽 곬에 탐스런 집 가졌군.

다람쥐 너는 예서 몇代나 살아왔냐?
塔이야 千 三百年 비 바람 겪었단다
비껴라! 내려가련다 석축 틈에 숨어라.

(다람쥐의 이야기)
골짝물 운답니다. 뻐꾸기 운답니다.
午때면 三層法堂 石鐘이 운답니다.
千구루 벗나무 새에 꽃도 폈다 진대요.

—「금산사」, 『문장』(1939.07)

이 시는 문장에 추천을 받은 작품 중의 한 편으로 금산사에 관해 쓴 3수로 된 연시조이다. 이 시에서 배경으로 자리하고 있는 금산사는 백제 법왕에 창건되었고 1598년 정유재란 때 왜군에 의해 소실되었다. 조선 시대에는 병자호란 발발 1년 전인 인조 13년(1635)에 중건되었고 1934년에 일부 법전을 재건하기도 하였다. 역사의 부침이 많은 금산사에 있는 사리탑을 배경으로 시인은 자신의 말을 한다.

다람쥐에게 "너는 예서 몇代나 살아왔나?"는 질문을 던진다. 다람쥐의 대답을 통해서 화자가 하고 싶은 이야기를 대신하게 한다. 모든 것이 자연의 한 흐름일 뿐이라는 깨달음을 듣게 된다.

가람은 이 시를 『문장』에 추천하면서 "曺南嶺君은 形을 퍽 자유롭게 말을 퍽 새롭게 썼다. 窓은 눈보라치는 것과 살구꽃 핀 것을 보고 親舊를 생각 생각한 것인바, 親舊의 쓰라림을 자기의 쓰라림 같이 말하였으며, 그 말이 切實 强烈한 느낌을 준다. 실은 그럴 쓰라림을 겪어 본이가 아니고는 될 수 없다. "金山寺"는 다람쥐를 보고 놀리면서도 으늑이 그 속에는 남다른 孤獨와 悲哀를 말했다. 그러나 어조에 있어서는 가볍고 날리지 말기를 바란다."[17]라고 하였다. 시인 조남령의 작품은 형식과 표현에 있어서 고시조에 머물지 않고 가람 이병기가 주창했던 현대 시조의 틀과 내용을 가지고 있다고 본 것이다. 조운과 더불어 현대 시조의 새로운 문을 활짝 열어줄 시인으로 기대를 모았던 조남령 시인이 한국현대사의 비운인 6·25전쟁의 와중에서 한국 문학사에서 사라졌다는 것은 시조단뿐만 아니라 한국문학의 커다란 손실이었다.

17) 이병기, 「時調를 뽑고」, 『문장』 1권 6호, 1939.07, 144쪽.

장 순 하
(張諄河, 1928~)

장순하(張諄河) 시인은 1928년 전북 정읍에서 출생하였다. 호는 사봉이다. 원광대학교 국문과 졸업하고 1950년 남성고등학교 교사가 되었으며 1957년 10월 제1회 개천절 경축 전국백일장 시조부 예선에서 장원하였다. 『현대문학』에 「울타리 허수아비」 등의 시조가 실림으로써 문단 활동을 시작하였다. 시조집 『白色賦』, 『默契』, 『길손』, 『서울 歸去來』, 『백두산 가는 길』, 『후일담』 외에 『장순하 문학전집』, 『현대 시조 선집』, 『달빛과 사상』, 그리고 고시조 선집 『동창이 밝았느냐』를 펴냈다. 한국문인협회 이사, 한국시조작가협회 부회장 역임하였고, 시조 대중화에 큰 노력을 기울였다는 평가를 받고 있다.

장순하 시인을 통해서 현대 시조는 여러 빛깔의 형태를 가지게 되었다는 평가를 받는다. 장순하는 다양한 실험을 통해서 현대 시조의 가능성을 엿보았으며 형식뿐만 아니라 내용면에서도 쉽게 시조와 접근할 수 있도록 여러 노력을 하였다. 특히, 사설시조와 엇시조 경시조 등 시조의 여러 가지 모습을 보여 주었고 경시조와 중시조 등으로 시조를 내용의 무거움에 따라 나누고자 했다.

장순하 시인은 시조의 독자성을 시조의 독특한 형식에 있다고 주장했다. 음수율 중심 시조의 딱딱한 형식에서 벗어나는 것이 현대 시조의 길이라고 보았다. 시조의 형식이 딱딱하게 굳은 빵처럼 정형화된 것이 아니라 고무줄처럼 운율의 탄력성과 유연성 시조 형식의 역동적 의미에 있다고 보았다. 또한, 엇시조, 사설시조 등에 많은 관심을 보였고 시조의 전통적 형식을 지키면서도 그 형식 안에서도 유려한 시조의 리듬을 회복하는데 힘을 기울였다.

뭔가 있지 있지 싶은 우수절(雨水節) 이른 아침
신선(新鮮)한 한 젊은이 모자 볏어 손에 들고
한 발짝 물러 선 곳에 다수굿한 새색시.

그들은 의논스레 날 넌지시 건너다 보고
나는 벌써 요량한 듯 가벼이 점두(點頭)했다.
그렇지, 까치저고릿적 그 전부터의 친구들.

하여, 내 하늘 한 귀에 둥지 틀고
두세 마리 새끼 쳐서 요람(搖籃) 위에 얹어두고
신접난 젊은 것들은 죽지 쉴 새 없구나.

어제 저 어린 것들 재 너머로 날려 보내고
저것들도 머리 세어 제 곳으로 돌아가면
난 다시 대문 앞에서 서성이고 있겠지.

—「묵계(默契)」, 『묵계(默契)』(성지사, 1974)

장순하 시인의 대표작이라 불리는 「묵계(默契)」는 활달한 리듬과 심리적 묘사, 톡톡 튀어 오르는 의식의 흐름을 연시조의 틀 안에서 자유롭게 썼다. 장순하는 현대적 감각을 유감없이 보여 준다. 마치 자유시를 읽는 듯한 리듬을 전개한다.

첫째 수에서 "뭔가 있지 있지 싶은"이라는 말을 통해서 관조와 직관을 보여 준다. 나뭇가지가 흔들리는 것을 보고 바람이 부는 것을 안다는 말이 있듯이 화자는 모든 풍경과 느낌 속에서 우수절 이른 아침의 분위기를 느낀다. 아무 말을 하지 않아도 서로의 마음을 읽을 수 있다.

둘째 수의 "그렇지", 셋째 수의 "하여", "내 하늘 한 귀에 둥지 틀고"처럼 과감한 감탄사와 연결어미를 사용하여 리듬을 새롭게 만들었다.

장순하 시인의 대표작이라 할 수 있는 '묵계'에서 시인은 의식의 흐름을 잘 드러내고 있다. '묵계'라는 제목이 의미하는 미루어 짐작하고 가늠하고 행동하는 부지불식간의 약속이 서정 자아인 나와 그들 사이에 놓여 있음을 보여준다. 뭔가 있지 싶은 예감으로 시작하여서 할 말조차 건너뛰는 상태를 나타냄으로써 서로의 교감을 보여준다.

유독 자연 친화적이고 감정에 치우친 시들이 많은 시조에서 장순하 시인은 주지주의를 표방하고 이지적 시어의 구사에 힘썼다. 그의 시조는 읽는 시조에서 생각하는 시조로 변화한다.

> 점(點)도 선(線)도 아닌 논리 밖의 저 실존
> 한낱 돌멩이도 놓일 데 놓이고 보면
> 시 한 수 허자(虛字)랑 섞여
> 관주(貫珠) 비점(批點) 되는 그것.

어느 세월이라 갖신 꽃신 밟았으리
나무꾼 심메마니 짚신짝도 뜸하거니
한물에 쓸리고 나면
다시 놓을 뉘 있으리.

—「징검다리」, 『길손』(동학사, 1994)

시인은 어느 날 갑자기 하늘에서 툭 떨어진 존재로 읽힌다. 아무 이유가 없이 놓여 있는 '징검다리'로 형상화한다. 아무리 작은 존재도 필요한 곳에 놓일 때 가장 중요한 한 점이 될 수 있음을 말한다. 길고 고통스러운 세월이 다 지난 뒤에 이제는 아무도 찾지 않는 고독한 실존의 모습을 시 속에서 드러낸다. 모든 실존은 자신의 가치가 드러나기를 욕망하기 때문이다. 그런데도 이 모든 것이 한물 속에 쓸리고 나면 새롭게 태어난 자신의 모습을 기대하는 시적 화자의 진취적이고 긍정적인 모습이 나타난다. 이 작품은 시대에 영향력을 잃은 힘없는 지식인의 모습을 보여주면서도 대상에 대한 지적인 상상을 표현하는 데 있어서 현대 시의 특징들을 잘 살리고 있다.

장순하 시인의 시편들은 다채롭고 가벼움과 무거움을 오가며 쉴 새 없이 현대 시조에 대해 질문을 던진다. 이런 질문들이 현대 시조의 중요한 밑거름이 되어 왔음을 알 수 있다.

송 선 영

(宋船影, 1936~)

송선영(宋船影) 시인은 1936년 광주시 북구 운암동 996(당시 전남 광산군 극락면 운암리 대내마을)에서 태어났다.

1950년 초등학교를 졸업하고 1953년 광주서중학교를 졸업했다. 1956년에는 광주 사범학교를 졸업하고 담양 수북초등학교 교사로 재직하였다. 1956년 5월에는 최승호(현 광주일보 사장·시인), 마삼렬(현 금호 재단 부이사장·수필가), 송기숙(전남대 교수·소설가) 등과 함께 '양지문학' 동인회를 결성하였다. 1958년 한국일보·경향신문 신춘문예를 통해 등단하였다. 1967년 여름에는 '원탁문학회' 창립 동인으로 참여하였고 1970년 여름에 허연·정소파·문도채·양동기·정덕채·최일환·문삼석·이준구 등과 함께 '영산강시조 동인회'를 결성하였다. 1956년 담양 수북 초등학교 교사 시절, 고모 집인 담양군 대전면 대치리 원촌마을 외딴집에서 17년 동안이나 살았다. 등단 20년이 지난 후에야 처녀시조집 『겨울 비망록(備忘錄)』을 세상에 내놓았다. 그 후 『두 번째 겨울』·『어떤 목비명』·『활터에서』 등 4권의 시조집을 출간했다.

송선영 시인은 시대의 그늘을 서정적인 언어로 형상화했다는 평을 받는다. 그의 시조에서는 시조의 전통율격을 지키면서도 시대적인 아픔과 현실적인 문제들을 서정적인 언어로 표현하였으며, 시조의 율격도 다양하게 실험함으로써 현대 시조의 방향을 잡는 데 많은 기여를 하였다. 등단 초기 민족의식을 고취하는 것에 관심을 가졌으며 이후 역사적인 문제들과 현실적인 문제 등을 다루는 시조를 발표했다.

진종일
금남로엔
그 5월의
비가 온다

머리푼
흰 여인 하나
에돌다간
사라지고…

예사로
등불 돋는 어슬녘

울려오는 종소리

—「노지의 불빛 7」, 『어떤 목비명』(신원문화사, 1990)

1980년대 오월 광주의 역사를 배경으로 하는 「노지(奴只)의 불빛」은 연작 시조로 쓰여 있다. 이 시 속에서 등장하는 배경들은 민중들에 대한 애틋한 마음에서 비롯된 것임을 알 수 있다. 오월에 내리는 비는 '진혼'으로 읽히지만, 머리 푼 여자가 도는 길은 늘 '현장'이다. "주남 마을 눈엣피꽃 / 돌매 맞은 꽃송이들…"(「노지의 불빛 6」)일 수밖에 없었던 비극적 현실이 구체적으로 형상화되고 있다. 노지는 광주의 옛 이름이다. 그곳의 불빛은 온 생을 태우는 불빛이다. 광주의 주남마을 오월 광주의 가장 처절한 현장 중에 하나다. 버스를 타고 가는 시민들에게 총을 난사해버린 비극이 일어난 현장이다. "돌매 맞은 꽃송이들"의 피 울음이 들리는 현장은 광주 지원동에서 화순으로 넘어가는 길 좌측편, 너릿재 터널 넘기 전 제2수원지로 가는 길목에 있는 마을이다. 이 마을에서 일어난 비극은 시조가 가지는 본령인 현장을 증명하는 것이다. 이 시조는 서정성과 역사성을 동시에 담고 있다.

예전에,
예전에, 뇌며
꿈꾸는 보리밭에

세상에,
세상에, 뇌다
열 오른 툇마루 앞에

넉넉히 함박눈 오시네,
붉은 빛 벙근
하얀
아침

—「원촌리의 눈」, 『원촌리의 눈』(고요아침, 2005)

시조의 덕목 중의 하나는 언어의 경제성이다. 필요 없는 부분을 과감하게 삭제하고 가장 필요한 부문만을 드러내는 작업이 곧 언어 절제의 미학이 있다. 시조는 필요 없는 표현들을 걷어내는 가장 경제적인 장르이기 때문이다. 하고 싶은 모든 말들을 속에 꾹 담아두고 아무 일도 없었던 것처럼 "붉은빛 벙근" "하얀 / 아침"을 말한다. "예전에, / 예전에, 뇌며"에는 과거에 대한 깊은 후회와 안타까움을 드러낸다. "세상에, / 세상에, 뇌다"를 통해서 절망적인 현실을 한마디로 압축한다. 이런 모든 고통과 번민을 함박눈은 덮어 버린다. 이런 연 구분 속에서 눈은 매우 따뜻하고 넉넉하게 아침을 선물해준다.

송선영의 시조에는 분단 현실과 일제 강점기, 1980년대 오월의 이야기가 배경으로 등장한다. 자기성찰과 고독의 극기는 이름 없는 들꽃들에 대한 애정으로 이어진다. 우리 국토에 대한 애정이나 우리 정신에 대해 기림은 그의 시가 얼마나 이 땅에 대한 애정으로 쓰였는지를 알 수 있다. 원촌리의 눈을 통해서 부드러움과 따뜻함이 배어 나오는 것을 알 수 있다. 현실에 대한 고통과 분단에 대한 비극조차도 따뜻한 시선으로 들여다볼 수 있음을 그는 보여준다. 시어와 시어 사이에 틈을 확보함으로써 시인의 감정을 쉽게 드러내지 않으면서도 그 사이에서 화자에 대한 연민과 깊은 인식의 경지를 알 수 있다.

김 종
(金鐘, 1948~)

김종(金鐘) 시인은 1948년 전라남도 나주에서 출생하였다. 조선대학교 국어국문학과를 졸업하고, 동 대학원에서 석사를, 경희대학교 대학원에서 박사학위를 받았다. 1976년 『중앙일보』 신춘문예에 「장미원」이 당선되며 등단하였다. 조선대학교 국어국문학과 교수로 재직하였으며, '목요시', '원탁시' 동인, 『전남매일신문』 객원논설위원, 한국시조시인협회 이사, 광주광역시 문인협회 회장, 한국문화원연합회 이사, 『우리문학』 편집위원 등으로 활동하였다. 아름다운 언어를 이용하여 생존의 문제에 진지하게 접근하고 있으며, 그것들이 역사에의 믿음과 가치가 된다는 믿음을 시적으로 구현하고 있다. 대표적으로 시집 『배중손(裵仲孫) 생각』(1994)은 다양한 시적 실험을 통해 비판과 풍자의 형태로 삶의 문제를 제시하는 노력을 보여주고 있다. 시집으로 『장미원』(시문학사, 1977), 『밑불』(시인사, 1981), 『정말로 우리가 살아있다는 것은』(세종출판사, 1983), 『목요시선집』(실천문학사, 1983), 『배중손 생각』(토방, 1994), 『더 먼 곳의 그리움』(시와시학사, 1993), 『춘향이가 늙어서 월매가 된다』(바틀산, 1995), 『궁금한 서쪽』(시와사람, 2008), 『그대에게 가는 연습』(고요아침, 2010)이 있다. 그밖에 단행본으로 『전환기의 한국 현대문학사』(신아출판사, 1994), 『삼별초 그 황홀한 왕국을 찾아서』(바들산, 1994), 『문병란 시 연구』(허형만 공저, 시와사람, 2002)를 펴낸 바 있다. 1971년 제8회 『월간문학』 신인상, 1992년 현산문화상 문학 본상, 1993년 제3회 민족시가 대상, 1994년 제2회 백제문학상, 1994년 광주문학상, 1995년 제10회 표현문학상, 1995년 제2회 광주예술문화대상, 1999년 한국시조시문학상을 수상하였다.

1

지체없이 달려온 인간사 그 어디쯤에
산처럼 지켜선 역사가 산맥 하나쯤 가꿀 만한데
우뚝한 방파제 허리만 삼키고 뜨건 살을 허물었거니

2

예감마저 목이 말라 하늘 난간에 걸리고
비 내리는 산골짜기엔 악연(惡緣)같던 개울물 소리
보기도 아스라한 불빛이 보살인 듯 다가올까

3

달맞이꽃 이파리마다 천년 꿈을 펼쳐보면
젖어 내린 가슴이 한 점 슬픔에 싸이더라만
그적지 등돌린 청산이 우레 안고 누워 있다

4

눈감아도 간곡하여 천만리 떠도는 구름
다가가 일으킨 절벽은 하늘 밖에 버려두고

지워도 돋아난 세월을 벌목(伐木)으로 배띄운다

5

제 얼굴 들여다보듯 심지 하나 밝혀 두고
얼 비치어 꽃술에 담긴 회군(回軍)하던 그 역사가
실타래 풀리듯 풀리듯 그 어디로 흘러왔나

6

이제는 선지피 더운 눈을 감고 바라보라
저녁 무렵 돋은 별빛이 군지기미로 내릴 때쯤
배중손 등 굽은 이야기가 미련처럼 타오른다.

—「배중손 생각」, 『배중손 생각』(태학사, 2000)

이 시는 제3회 민족시가 대상 수상작으로 김종 시인의 역사의식이 돋보이는 시다. 이 시는 6수로 된 연시조다. 시의 주제가 역사적인 인물인 배중손을 내세워서 이루지 못한 꿈에 맺힌 한과 염원이 새로운 세상을 향한 뜨거운 의지를 모아서 투신하는 시적 자아의 모습을 거침없이 토해내고 있다. 시의 흐름은 큰 강물이 흐르듯 유장하며 도도하게 펼쳐진다. 이 시에 등장하는 배중손은 항몽으로 이야기되는 굴곡진 역사의 대표적인 인물이다. 항몽의 근거지인 삼별초가 자리잡고 있는 전라남도의 큰 섬인 진도의 바다를 둘러싼 옛 성터를 떠올리게 한다. 고려 몽골의 연합군에 맞선 삼별초의 이야기가 큰 산맥이 되지 못하고 "우뚝한 방파제 허리만 삼키고 뜨건 살을 허물었거니"라는 표현을 통해 외세에 무너져 버린 당시의 모습을 떠오르게 한다.

외세를 향한 저항은 고통스럽게 무너졌지만. 밤마다 꿈을 접지 못하고 "달맞이꽃 이파리마다"에 새겨놓은 "천년 꿈을 펼쳐보"이는 화자를 통해서 고통스러운 속에서도 꿈을 접지 않고 펼쳐나갔던 삼별초의 강한 의지가 엿보인다. "등돌린 청산이 우레 안고 누워 있다"는 표현을 통해서 천년의 꿈을 언젠가는 실현 시키겠다는 화자의 의지를 보여준다. "얼 비치어 꽃술에 담긴 회군(回軍)하던 그 역사가" 부끄럽게 보이지만 마침내 화자는 "등 굽은 이야기"로 남은 배중손의 이야기를 밑불 삼아서 큰 불로 일으킬 준비를 하고 있다. 역사를 조명하는 시가 어떤 의미를 가지는 것은 그 역사가 단순한 이야기에 머물지 않고 오늘날의 현실 속에서도 중요한 의미가 있고 그것을 찾아 나서는 민중의 참여 때문이다.

사는 일 크게 보아
서로가 물드는 일

꿈 한자락 쓸쓸함이
산그늘을 품었을 때

오금이 저려오듯이
강물은 깊어지지

몸을 세운 이별이
텅빈 집의 문을 열고

잔설 몇 점 남은 가슴에

떠가는 구름 두엇

속엣말 마모된 하늘이
바지주름을 펴고 있네.

—「**사진을 보며**」, 『**배중손 생각**』**(태학사, 2000)**

이 시는 2수로 이루어진 연시조이다. 각 수의 행갈이를 통해서 화자가 자신의 옛날 사진을 보며 지난 일을 돌아보는 것처럼 보인다. 사는 일은 혼자 견디는 것처럼 보이지만 크게 돌아보면 "사는 일"이 "서로가 물드는 일"이라고 고백하고 있다. "서로가 물드는 일"은 화자가 원하는 일은 아니다. 그것은 세속에 몸을 담그는 일이기도 하다. 하지만, 인생은 그처럼 혼자 되는 일이 아니라는 깨달음을 얻으며 쓸쓸함에 취하게 된다. 이런 인생의 아이러니 속에서 화자가 일생을 살아오면서 만나는 온갖 신산스러운 순간들이 꿈의 그늘로 드러난다. 꿈의 그늘이 인생의 굴곡진 산그늘을 품고 나면 "강물은 깊어지"는 순간을 만나게 된다. 한 장의 사진이 시인의 삶을 반추하게 만든다. 이 시조는 한발 들어갈수록 점점 깊어지고 내면화된다.

인생은 매 순간의 이별을 통해서 허물어지고 외로워지지만, 어느 순간에 몸을 우뚝 세워 키가 큰 이별의 실체가 사진 속에서 "텅빈 집의 문을 열"고 말을 건다. 그곳에서는 잔설 몇 점이 있고 떠가는 구름 두엇이 보인다. 풍경이 화자의 내면을 이야기하는 전통 시가의 흐름을 가지고 있다. 이런 풍경을 통해서 고통스럽고 신산스러운 삶의 모습이 자연의 일부로 느껴진다. 화자는 "속엣말"로 하늘이 펴고 있는 바지 주름을 본다. 시인은 온전히 자신 앞에 서서 이야기했을 때 진정성이 느껴진다. 하늘이 펴고 있는 바지 주름은 시인의 지나온 삶의 모습이다. 하늘이 그것을 펴고 있다. 화자는 이런 고백을 통해서 굴곡진 삶이 펴지는 과정을 만난다. 시조가 서정적 자아의 고통을 형상화시킬 때 시의 수위도 함께 깊어진다.

윤 금 초

(尹今初, 1941~)

윤금초 시인은 전남 해남군(海南郡) 갑길리(甲吉里) 출생하였다. 본명은 금호(金鎬). 서라벌예대 문예창작과를 졸업하였다. 1966년 제3회 공보부(公報部) 신인 예술상 수상, 1967년 「내재율(內在律) 3」으로 『시조문학(時調文學)』에 추천, 1968년 시조 「안부(安否))」가 『동아일보』 신춘문예에 당선되어 문단 활동을 시작하였다.

저서로는 『어초문답』·『해남 나들이』·『땅끝 이어도 사나, 이어도 사나』·『주몽의 하늘』 등의 시조집이 있고, 수필집으로 『갈 봄 여름 없이』·『가장 작은 것으로 부터의 사랑』이 있다. 창작 이론서로 『시조 짓는 마을』·『현대 시조 쓰기』가 있다.

윤금초 시인은 창작이론 서적과 시인의 시조집을 통해서 다양한 시조 쓰기의 실험적 기법을 보여주었고, 이를 통해 현대 시조의 운신의 폭을 넓혔다는 평가를 받아왔다. 특히 사설시조와 옴니버스 형식의 시조는 시조의 기법적인 측면에서도 진일보한 면이 보여진다. 윤금초 시인의 사설에서 볼 수 있는 섞임과 엮음의 변주는 리듬과 내용면에서 시조의 모습이 정형화되어 있지 않고 지속적으로 진화해 나가는 것임을 보여 주었다.

석영빛 베동정의
썰렁한 소저 눈매,

아지랑이 곰실대는
부화의 봄 소동은

되살아 피 도는 감성,
챙기었네 새 세간을.

꾀꼬리 속깃 같은
명주실, 꿈오라기

그리움의 꾸러민가
고무래로 자아 올려

발돋움 미학을 짜는
앵두가슴, 그 손결이.

완자창에 잦은 가락,
목금(木琴) 소리 베틀 놀이.

삼단머리 허릴 휘어
설레는 신명 따라

금슬의 피륙을 감는

내 사상은 말콧대.

날줄 씨줄 잉아귀로
한 세월 자개수 놓듯

우리네 사랑의 의미,
몇 겹으로 풀어 헬까

바디질 멈출 새 없는
열두 자락 내재율.

—「내재율(길쌈)」, 『해남 나들이』(민음사, 1993)

1967년에 발표된 시조 「내재율(內在律)」은 여러 문예지에 연작 시조로 발표된 작품이다. 개인의 서정성을 지적인 표현을 통해서 표출한다. 밝음과 어둠이 동시에 섞여 있는 작가의 개성을 보여 준다.

윤금초 시조는 정통성과 역사성을 현대적 감각에 맞춰서 풀어내고 있다. 개인의 서정을 살려내면서 구체적인 사물들을 표현하고 있다. 음수율과 음보율이라는 외형률에 기반을 두고 있는 시조에서 자유시의 운율인 내재율로 작품 제목을 쓰고 있다. 그것은 윤금초의 시조는 시조를 고정된 정형시로 인식하고 있는 것이 아니라 우리의 호흡을 가진 자유시로 인식하고 있는 것으로 보인다. 고단한 길쌈을 통해서 인간의 내면을 읽어내려는 시도로 읽힌다. 고통스러운 삶을 넘어선 희생과 사랑의 의미가 열두 자락의 내재율로 형상화된다.

지느러미 나폴거리는, 기력 풋풋한 아침 마당

고기비늘 황금 알갱이 노역의 등짐 부려놓고
이어도, 이어도 사나, 이어도 사나, 이어 이어….

통방울눈 돌하르방 눈빛 저리 상상하고
꽃멀미 질펀한 그곳, 가멸진 유채꽃 한나절.

바람 불면 바람소리 속에, 바당 울면 바당 울음 속에
웅웅웅 신음 같은, 한숨 같은 노랫가락 이어도 사나 이어도 사나
아련히 바닷바람에 실려 오고 실려 가고,

다금바리 오분재기
이어도 사나, 이어도 사나
상한 그물 손질하며
급한 물길 물질하며
산호초 꽃덤불 넘어,
캄캄한 침묵 수렁을 넘어.

자갈밭 그물코 새로 그 옛날 바닷바람 솨솨 지나가네.

천리 남쪽 바당 밖에 꿈처럼 생시처럼 허옇게 솟은 피안의 섬, 제주 어부 노래로 노래로 굴려온 세월 전설의 섬, 가본 사람 아무도 없이 눈에 밟히는 수수께끼 섬, 고된 이승 접고 나면 저승 복락 누리는 섬, 한번 보면 이내 가서 오지 않는, 영영 다시 오지 않는 섬이어라.

이어도, 이어도 사나, 이어 이어…,

밀물 들면 수면 아래 뉘엿이 가라앉고

썰물때면 건 듯 솟아 허우대 드러내는

방어빛 파도 헤치며 두둥실 뜨는 섬이어라.

마른 낙엽 몰고 가는 마파람 쌀쌀한 그해 겨울

모슬포 바위 벼랑 울타리 없는 서역 천축 머나 먼 길 아기작 걸음 비비닥질 수리의 바당 헤쳐 갈 때 물이랑 뒤척이며 꿈결에 떠오른 이어도 이어도, 수평선 훌쩍 건너 우화등선 넘어가 버리고

섬 억새 굽은 산등성이 하얗게 물들였네.

—「이어도 사나, 이어도 사나」, 『이어도 사나, 이어도 사나』(고요아침, 2005)

이 시조는 옴니버스 형태를 취하고 있다. 전체 일곱 장형시조로서 첫 수는 단시조, 둘째 수는 양장시조, 셋째 수는 엇시조, 넷째 수는 단시조, 다섯째 수는 사설시조, 여섯째 수는 단시조, 일곱째 수는 사설시조로써 하나의 소재를 가지고 다양한 시조의 형식을 보여주고 있다.

"이어도 사나, 이어도 사나"는 '이어도'라는 전설을 끌어와 서술성과 서정성이 결합한 의미망을 만든다.

이 시는 섬사람의 힘든 생활을 묘사와 진술로 적절히 보이면서 생동감 있는 가락으로 풀어낸다. 웅웅웅 신음 같은 한숨 같은 노랫가락은 절절하면서 절박한 현실로 우리에게 다가온다. 고단한 세월을 견디면서 이상의 섬을 꿈꾸며 흥얼거린 이어도 사나의 노래가 피안의 섬을 만나면 돌아오지 않는 제부 어부들의 꿈과 이상향이 사설조로 펼쳐진다.

엇시조 단시조 사설시조의 특징을 각 수에 맞게 배치해서 옴니버스 형태로 드러낸 이 작품은 실험적이면서도 시조가 어떻게 복잡한

현대의 시각과 주제를 담아낼 수 있을 것인가에 대한 물음에 답을 낸 것으로 보인다. 윤금초 시인이 시도한 옴니버스 시조는 현대 시조가 복잡한 시의 내용을 의미에 따라 확대하면서 시조의 미학적 형태를 유지할 수 있는 토대가 될 수 있을 것이다.

김 영 재

(金永在, 1948.06.21~)

김영재(金永在) 시인은 1948년 전라남도 승주에서 태어났다. 1974년 『현대 시학』으로 등단하였다. 시집으로 『히말라야 짐꾼』·『화답』·『홍어』·『겨울별사』·『화엄동백』, 여행 산문집으로 『외로우면 걸어라』 등이 있다.

연필을 날카롭게 깎지는 않아야겠다
끝이 너무 뾰쪽해서 글씨가 섬뜩하다
뭉툭한 연필심으로 마음이라 써본다

쓰면 쓸수록 연필심이 둥글어지고
마음도 밖으로 나와 백지 위를 구른다
아이들 신나게 차는 공처럼 대굴거린다

—「마음」, 『화답』(책만드는집, 2014)

김영재의 시조는 일상의 소소한 소품들을 가지고 시인의 마음을 담는다. 시인이 견뎌온 온갖 고통스러운 세월이 둥그렇게 달아진 연필심으로 읽힌다. 칼날에 깎이고 여기저기 두들겨 맞고 밤 늦게까지 일에 시달리던 화자의 모습이 떠오를 수 있다. 그래서 끝이 너무 뾰족한 연필로 쓴 글씨는 섬뜩하다. 그 섬뜩한 연필이 둥글둥글해지고 지난 과거의 시간을 돌이켜 볼 때 한 편의 현실을 담보해낸 시조가 된다. 사소한 일상에서 시인은 뭉툭한 연필심으로 마음이라 써본다. 끝이 너무 뾰쪽해서 글씨가 섬뜩하다고 느낄 수 있는 것은 시인이 그만큼 세상에 대해 따뜻한 시선을 가지고 있기 때문이다. "쓰면 쓸수록 연필심이 둥글어지고" 김영재 시인의 시선은 둥근 마음에 있다. 뾰족한 것들에 상처 입었던 날들을 떠올렸을 것이다. 그런 마음이 백지 위를 구를 때 시인의 마음은 대굴거린다.

뚝뚝 목이 지는 화엄사 동백을 만나
일자리 작파하고 유랑하는 친구의 말씀
지리산 반야봉 너머 환한 세상 있것다

천왕봉 상상봉에
매어놓은 〈바람집 한 채〉

바람을 부르면 슬픈 가락이 되고 구름 몰려오면 벼락 치는 노한 소나기로 우르릉 쾅쾅, 섬진강 은어떼 뛰듯 철없이 튀어 올라 평사리 무논바닥 잡풀 자라듯 그렇게 한시절 살아보려 했는데 절뚝이며 절뚝이며 술잔 비우네

동백은 생살로 목이 뒹굴고
어둠은 말 없는 산을 감춘다

—「화엄동백」, 『화엄동백』(책만드는집, 1999)

이 시조는 평시조와 사설시조를 섞어서 옴니버스 형식으로 쓰여 있다. 사설은 남도의 낭만적인 정서와 잘 어울린다. 화엄사 동백은 친구의 일자리를 작파하게 만든다. "화엄사 동백"에서 갈무리한 시제 「화엄동백」에서 '화엄'은 꽃으로 장엄하게 장식한다는 뜻을 가진 불교 용어로 불법(佛法)이 광대무변(廣大無邊)하여 모든 중생과 사물을 아우르고 있어서 마치 온갖 꽃으로 장엄하게 장식한 것과 같다는 뜻을 지녔다. 곧 화엄은 온갖 분별과 대립이 극복된 이상적인 불국토(佛國土)를 말한다. 이 화엄사의 동백을 만난 친구는 지리산 반야봉 너머의 화엄 세상을 말한다. 「바람집 한 채」는 이 시에서 강한 영향을 미친다. 바람집이 주는 이미지는 화자가 꿈꾸는 곳이며 바람처럼 자연 일부로 살고 싶었던 화자의 꿈을 사설 조로 풀어낸다. 그러나 현실은 화엄을 꿈꾸며 피었던 동백의 목이 뒹굴고 어둠이 말 없는 산을 감추는 현실을 보여준다. 마치 산꼭대기에 매달려 있는 바람집 한 채를 쳐다보며 술잔을 비우는 시인의 모습이 시 속에서 절뚝이며 걸어가는 듯하다. 이렇듯 시 속에서 현실과 꿈이 섞여서 빛날 때 시는 힘을 가진다.

이 지 엽

(李志葉, 1958.12.25~)

이지엽(李志葉) 시인은 1958년 전라남도 해남군 마산면에서 태어났다. 본명은 이경영이다. 경동고등학교를 거쳐 성균관대 영문과, 같은 대학원의 국문학과를 마치고 문학박사 학위를 받았다. 1982년 한국문학 백만원 고료 신인상에 시 「촛불」 당선, 1984년 『경향신문』 신춘문예에 시조 「일어서는 바다」가 당선되어 문단 활동을 시작하였다.

저서로는 시집 『다섯 계단의 어둠』·『샤갈의 마을』·『그릇에 관한 명상』·『신성한 식사』와 시조집 『떠도는 삼각형』·『해남에서 온 편지』 등이 있고, 에세이집 『사랑은 그리운 노을빛이어라』 등이 있다.

오세영 시인은 이지엽 시인의 시집 해남에서 온 편지 해설에서 "소재가 자연이든, 사회든, 혹은 문명이든 시인은 그로부터 생명을 발견하고 생명의 소중함을 노래하고 있다"[18]고 하였다. 사투리 사용과 시조의 자유로운 운용 등을 통해서 자신만의 독특하고 서정성 깊은 시 세계를 구축했다. 특히 여성, 생명, 자연의 이미지를 시조의 형식에 담아서 펼쳐낸 부분이 돋보인다.

---

18) 「해남에서 온 편지」, 『해남에서 온 편지』(태학사, 2000) 오세영 해설, 159쪽 참조.

아홉배미 길 질컥질컥해서
오늘도 삭신 꾹꾹 쑤신다.

아가 서울 가는 인편에 쌀 조깐 부친다 비민하것냐만 그래도 잘 챙겨묵거라 아이엠 에픈가 뭔가가 징허긴 징헌갑다 느그 오래비도 존화로만 기별 딸랑하고 지난 설에도 안와브렀다 애비가 알믄 배락을 칠 것인디 그 냥반 까무잡잡하던 낯짝도 인자는 가뭇가뭇 하다 나도 얼릉 따라 나서야 것는디 무진 것이 목숨이라 이도저도 못하고 그러냐 안.
쑥 한 바구리 캐와 따듬다 말고 쏘주 한 잔 혔다 지랄 놈의 농사는 지면 뭣 하냐 그래도 자석들한테 팔이란 돈부, 깨, 콩, 고추 보내는 재미였는디 너할코 종신서원이라니…그것은 하느님하고 갤혼하는 것이라는디…더 살기 팍팍해서 어째야 쓸란가 모르것다 너는 이 에미더러 보고 자퍼도 꾹 전디라고 했는디 달구똥 마냥 니 생각 끈하다

복사꽃 저리 환하게 핀 것이
혼자 볼랑께 영 아깝다야

—「해남에서 온 편지」, 『해남에서 온 편지』(태학사, 2000)

이 시조는 사설시조다. 사설시조는 중장이 길어진 형태로 네 걸음의 리듬과 사슬을 엮은 듯 중장은 빠르고 촘촘하게 연결되어 진행된다. 사설이 조선 후기에 나왔다는 것은 현대성을 갖추었다는 뜻이다. 할 말이 많아진 사설을 서민들의 시조라고 불리는 것도 그것이다. 시조는 한 수가 장 단위로 분절이 되고 그 분절로 인해 형식미를 갖는다. 그 형식은 압축과 이완, 수축의 다양한 형태로 전개된다. 이런 언어적 감각을 끌어올려 쓸 때 시조는 답답한 형식을 넘어서

자유롭게 흥청거리며 독자의 마음을 끌어당긴다. 마치 잘 쓰인 랩처럼 사설시조는 중장에 이르러 빠르게 읽힌다.

이지엽의 해남에서 온 편지는 초장과 종장의 강한 압축과 상징, 긴 여운의 자리를 깔고 있다. 중장의 편지글은 화자가 딸을 향한 절절한 사연이 깃들어서 리듬을 만든다. 사설의 가장 큰 특징 중에 하나다. 이야기를 담고 있는 사설이 많은 까닭이다.

이 시조는 편지 형식으로 쓰였다. 이 편지의 화자는 나이 들어 딸을 수녀로 보낸 해남에서 사는 여인이다. 이 편지는 곳곳에서 해남의 사투리를 활발하게 사용한다. "비민하것냐만"은 '어련히 알아서 하겠느냐만'이란 뜻이다. "제금 나고"는 '결혼 해서 떠나고'란 뜻이다. 해설이 필요할 만큼 지금은 잘 쓰지 않는 전라남도의 사투리를 화자의 입을 통해서 말하고 있다. 또한, 시조의 어조가 전라도의 억양으로 읽힌다. 이런 사투리 대신 표준어로 사용한다면 시골에서 딸을 그리는 어머니의 마음이 읽히지 않는다. 그것은 위 시조가 남도의 지역성을 가지고 쓰였기 때문이다. 사투리 하나하나가 화자의 절절한 마음을 읽히게 한다. 그런 읽힘이 이 시조의 힘이다.

흙과 물이 만나 한 몸으로 빚어낸 몸
해와 달이 지나가고 별 구름에 새긴 세월
잘 닦인 낡은 그릇 하나 식탁 위에 놓여있다

가슴에 불이 일던 시절인들 없었으랴
함부로 부딪혀 깨지지도 못한 채
숨 막혀 사려 안은 눈물, 붉은 기억 없었으랴

내가 너를 사랑함도 그릇 하나 갖는 일
무형으로 떠돌던 생각과 느낌들이
비로소 몸 가라앉혀 편안하게 잠이 들 듯

모난 것도 한때의 일 둥글게 낮아질 때
잘 익은 달 하나가 거울 속으로 들어오고
한 잔 물 비워낸 자리, 새 울음이 빛난다

—「그릇에 관한 명상」, 『사각형에 대하여』(고요아침, 2011)

이 시조는 4수로 이루어진 연시조이다. 기승전결의 구조로 쓰였다. 첫째 수에서 잘 닦인 낡은 그릇 하나를 통해서 그릇이 그냥 만들어지지 않았음을 이야기한다. 흙과 물, 해와 달, 별과 구름의 세월이 녹아들어 있는 그릇이다. 현재 존재하는 모든 것은 그것의 과거와 현재 미래가 함께 있다는 말이 있다. 둘째 수를 통해서 그릇은 그릇의 이야기가 아닌 사람의 이야기로 전개된다. 가슴에 불이 일던 시절을 통해서 인고의 시간을 견디며 지나갔던 시절을 떠올리게 한다. 기승전결의 구조에서 시는 둘째 수에 이르러 한 발 더 나아가는 것이다. 셋째 수는 전이다. 전은 반전의 기운을 품고 시를 돌아보게 한다. 내가 너를 사랑하는 일조차도 그릇 하나 갖는 일이라는 깨달음을 준다. 전부를 걸어야 할 만큼 사랑은 쉽지 않은 것이지만, 어찌 보면 "무형으로 떠돌던 생각과 느낌"만큼이나 흔한 것이기도 하다. 하지만 생각과 느낌이 없으면 사람이 아니다. 이 모든 시간이 다 받아들여질 때 마지막 수 종장 "한 잔 물 비워낸 자리, 새 울음이 빛난다"에서 화자의 하고 싶은 말이 읽힌다.

서 연 정

(徐演禎, 1959.11.26~)

서연정(徐演禎) 시인은 1959년 광주광역시에서 출생하였다. 1997년 중앙일보 지상시조 백일장 연말장원, 1998년 서울신문 신춘문예 시조에 당선되며 문단 활동을 시작하였다.

시집으로 『먼길』·『문과 벽의 시간들』·『말로 다 할 수 있다면 꽃이 왜 붉으랴』가 있다.

서연정 시인의 시는 모순된 사회 현실과 시대의 아픔을 슬프고 아름다운 개인 서정이 깃든 시언어로 풀어내면서 감동을 주고 있다. 전통 시조의 정형률을 벗어나지 않으면서도 뛰어난 언어 감각을 바탕으로 자연스러운 리듬을 보여 준다.

맨발로 뛰어갔다 뿌리에 닿고 싶어
빗장 걸린 문 앞에서 약속은 어긋나고
가슴팍 헐어내면서 밤새 파도가 쳤다

쓰다 둔 편지 안에 깃이 상한 새 떼들
그렁거리는 눈망울로 약속의 화석을 쪼고
풀잎을 스쳐지나는 바람에도 베이더니

나무마다 쉽게 감는 나이테란 없는 것
몇 번을 까무러치며 터지고 찢겨진 후
비로소 한 벌 목숨을 더 단단히 키우는 것

상처가 피고 지는 골목 끝 그대 가슴에
가난하나 지극히 아름다운 약속으로
오늘은 저녁별 하나를 바친다 눈물같은

—「먼길」, 『먼길』(태학사, 2000)

이 시는 서연정 시인의 데뷔작이다. 이 시는 4수로 이루어진 연시조이다. 기승전결의 탄탄한 시적 구성을 가졌다.

서연정 시인은 남도의 서정을 시조로 잘 뽑아내고 있다는 평을 받는다. 지극한 마음으로 시의 길을 내는 시인의 모습이 잘 나타난 시조이다. 내면을 들여다보는 시인의 자세는 매우 경건하며 순결을 강조한다. 여기서 시인은 인생의 고통스러운 삶의 자리를 거쳐 온 화자를 내세운다. 첫 수에서 맨발로 뛰어나가는 여인의 정서는 매우 전통적인 정서를 가졌다. 뿌리를 잃은 가지는 말라 죽는다. 뿌리에 닿고 싶어 달려가지만, 화자는 어긋난 약속에 돌아설 수밖에 없다. 둘째 수에서 화자는 어긋난 약속에 대해 끊임없이 되새겨 보지만 그 모든 것들이 상처로 돌아옴을 알게 된다.

모든 존재는 근원으로부터 배신당한다. 고향은 사라지고 없기 때문이다. 화자의 가슴팍을 헐어내면서 파도가 치는 것은 되풀이되는 근원에 대한 물음이고 뿌리에 대한 열망일 것이다.

셋째 수는 먼 길에서 기승전결에서 전에 해당되는 부분이다. 세월을 상징하는 나이테는 결국 한 벌의 목숨으로 치환되고 한 벌의 목숨의 크기는 총체적으로 읽힌다. 이런 깨달음으로 인해서 삶의 가치는 그 목숨을 단단하게 키워가는 것에 있다는 깨달음을 얻는다. 뿌리에 닿지 못한 존재인 화자는 골목 끝에서 아름다운 약속을 떠올리며 저녁별로 상징되는 눈물 같은 삶을 뿌리에 바치는 것으로 시를 마무리한다. 결국, 가장 먼 길은 자기 자신임을 알 수 있다.

언제나 그렇듯이 고향으로 가는 길은
감나무 한 그루에도 추억이 매달려서
발 벗은 마음이 먼저
문지방을 넘는다

장마 때면 자꾸만 허물어지던 돌담 아래
봉숭아 뽑아내고 벽돌담장 둘러쳤지만
지금도 그 자리에 서면
마음 끝 물드는데

"너 온다기에 솎음무 좀 뽑아왔다"
고개가 휘청하도록 푸성귀 이고 온다
어머니,
다 주시고도
아직 더 주고 싶은.

—「토르소3」, 『먼길』(태학사, 2000)

이 시는 3수로 이루어진 연시조이다. 첫째 수는 고향은 찾아가고 있는 화자를 그리고 있다. 현대인은 고향을 잃어버린 사람들이라고 한다. 고향은 근원을 상징한다. 고향을 찾아가는 길은 무엇하나 쉽게 버릴 수 없다. “마음이 먼저 / 문지방을 넘는” 시인의 서정이 잘 나타나 있다. 둘째 수에서는 마치 팔다리가 잘려도 있는 것처럼 느끼는 환상통처럼 사라져버린 담장과 그 아래 봉숭아의 존재를 눈앞에 있는 것처럼 표현하고 있다. 이 시에서는 시인이 담장과 봉숭아가 상징하고 있는 고향을 얼마나 간절하게 생각하는지를 보여준다. 손끝을 물들이는 봉숭아의 붉은 물기가 시인의 손톱과 겹쳐 보인다.

“고개가 휘청하도록 푸성귀 이고” 오는 어머니의 모습을 통해서 고향은 사라져버린 것이 아니라 시인을 기다리고 있는 존재라는 것을 느끼게 한다. 손과 팔과 다리가 잘린 토르소에서 시인은 고향을 만난다. “다 주시고도 / 아직 더 주고 싶은.” 어머니의 모습은 고향이며, 토르소이며, 시인이 가 닿을 시의 근원임을 알게 한다.

토르소는 모든 것을 다 내주고 또 내어주는 어머니의 얼굴이면서 그 얼굴을 닮은 시인의 다른 얼굴이 된다. 그래서 시인은 발 벗은 마음으로 문지방을 넘고 그것을 노래한다.

이 시조는 흐트러짐 없이 전통적인 율격을 지키면서도 새로운 상상력으로 예스러운 소재를 새롭게 직조해낸다.

참고문헌

광주문인협회, 『광주문학사』, 한림, 1994.

광주전남지역문학인협회, 『광주전남문학통사』, 현대문예, 2011.

권영민, 『한국 현대문학사』, 민음사, 2002.

근대문학 100년 연구총서 편찬위, 『약전으로 읽는 문학사』 1, 소명출판, 2008.

근대문학 100년 연구총서 편찬위, 『약전으로 읽는 문학사』 2, 소명출판, 2008.

김동근, 「광주전남현대 시문학사」, 『광주전남문학통사』, 한국지역문학인협회, 2011.

김선태 외, 『광주전남현대문학 지도』 1, 청동거울, 2001.

김선기, 『남도 현대 시문학의 산책』, 전남대학교 출판부, 2007.

김제현·이지엽, 『한국 현대 시조 작가론』 1, 태학사, 2001.

김혜니, 『한국 현대 시문학사 연구』, 국학자료원, 2002.

나희덕, 『아침의 노래 저녁의 시』, 삼인, 2008.

백수인, 『대학문학의 역사와 의미』, 국학자료원, 2003.

이지엽, 『한국 현대 시조 작가론』 2, 태학사, 2007.

이지엽, 『한국 현대 시조 작가론』 3, 태학사, 2007.

이제선, 『한국문학 주제론』, 서강대학교 출판부, 2009.

임환모 외, 『호남문학과 근대연구』 1~2, 심미안, 2010.

장선희·정경운, 『호남문학기행』, 박이정, 2000.

정영자, 『한국 여성 시인 연구』, 평민사, 2000.

정종진, 『한국 현대시 그 감동의 역사』, 태학사, 1999.

서정주, 『미당 산문』, 민음사, 1993.

신덕룡, 『우리 시대의 시인 읽기』, 시와사람사, 2000.

송기한, 『1960년대 시인 연구』, 역락, 2007.

황지우, 「끔찍한 모더니티」, 『황지우 문학앨범』, 웅진출판, 1995.

허형만, 「목포 시문학사 개관」, 『목포 100년의 문학』, 올뫼, 1997.

〈논문〉

김영일, 「미당 서정주 시 연구」, 경성대학교 박사논문, 2011.

김은향, 「김현구 시 연구」, 경기대학교 석사논문, 2006.

김종술, 「조운 시조 연구」, 고려대학교 석사논문, 2009.

김혜영, 「김영랑 시의 창작방법 연구」, 단국대학교 박사논문, 2012.

김대진, 「식민지 근대 체험의 이중구속과 박용철의 낭만주의 시론」, 동국대학교 석사논문, 2017.

김희진, 「박노해 시의 변모양상 연구」, 『인문학연구』 48, 조선대학교 인문학연구원, 2014년 8월.

문혜원, 「어머니의 이름으로 시간 앞에 우뚝 서다」, 『시와시학』, 2004년 여름호.

민제준, 「이수복 시 연구」, 목포대학교 석사논문, 2013.

백애송, 「이성부 시에 나타난 공간인식 연구」, 광주대학교 박사논문, 2016.

이은실, 「김현승 시에 나타난 시간 의식 연구」, 한양대학교 박사논문, 2013.

이명찬, 「'아름다움'에 이르려는 방황: 임학수론」, 『한국근대문학연구』 제24호, 2011.

이동순, 「조태일 시 연구」, 전남대학교 박사논문, 2008.

이일림, 「고재종의 시세계 연구」, 창원대학교 석사논문, 2009.

우은숙, 「현대 시조에 나타난 생태학적 특성 연구: 이병기, 김상옥, 정완영의 작품을 중심으로」, 경희대학교 박사논문, 2016.

장미영, 「나희덕 시의 이미지 연구」, 한국교원대학교 석사논문, 2016.

전태숙, 「김만옥 이경록 시의 이미지에 나타난 죽음의식 연구」, 목원대학교 석사논문, 2004.

조아름, 「곽재구 시의 일상성 연구」, 한국교원대학교 석사논문, 2015.

홍용희, 「김지하 문학 연구」, 경희대학교 박사논문, 1998.